住宅エクステリアの100ポイント
計画・設計・施工・メンテナンス

藤山 宏 著
Hiroshi FUJIYAMA

P<small>LAN</small>

D<small>ESIGN</small>

C<small>ONSTRUCTION</small>

M<small>AINTENANCE</small>

学芸出版社

はじめに

　「エクステリア」という言葉が一般的に認知されたのは、ここ15〜20年ぐらい前からだと思われます。それまでは、エクステリアという言葉自体があまり使われることもなく、単に「外構＝外を構える」とか「外柵＝外を囲う、柵をする」という意味合いのものにすぎず、建築業界の一部で認知されていた程度でした。

　エクステリアという言葉は元来「インテリア」の対語としての意味合いがあり、住環境という視点でとらえれば、建物内部に対して外部の住環境ということになりますが、どちらかといえば、建物内部と外部住環境に対する考え方は、一般生活者にとってもかなり温度差がありました。建築関連出版物等の情報量に対して、エクステリア関連の情報ははるかに少ないというか、ほとんどなかった状況のなかで、建物ほどのこだわりもなく、「予算の範囲内でおまかせします…」という建築主がほとんどだったといえます。

　また、外部空間は一般的には「庭」という概念の空間があり、エクステリアとは一線を画していたともいえます。

　エクステリアの流れ、考え方の推移については後で詳しく述べますが、大きな転機として考えられるのが「庭」の概念が単に「鑑賞する庭」だったのが、生活者が個々のライフスタイルに応じて「使う庭、介在する庭」という考え方を持つ人が増えてきているということです。庭に対する考え方、視点が変わることにより、エクステリアに対しても以前とは異なる見方、考え方が生まれてきたといえます。

　ふり返れば、エクステリア工事（外構工事）を専業とする業者及び関連メーカーが出現し始めたのは1070年代前半くらいであり、それまでは、建築業の一環として門や塀の工事がなされていました。そこには建築からの流れによるデザイン性、材料の選択、品質等に対する技術的な裏付けも確保されていました。1970年代後半になり、日本経済の高度成長に伴う新設住宅着工件数の大幅な増加のなか、建築本体と門や塀の外構工事の分離が始まり、さまざまな業界からの新規参入も含め、エクステリア業界の形成、拡大につなが

ったといえます。

　また、最近の建築主は建物、門や塀、庭という空間を個々に考えるのではなく、敷地全体のトータル的な住環境として考える傾向が強くなってきています。

　しかし、建築・土木工事業を源とするエクステリア業界、公園・緑地工事などの官需から個人庭園工事に携わってきた造園業界、ガーデニング、草花等を中心とした園芸業界、その他建築に関連する業界や異業種からの参入も含め、さまざまな出身母体を持つ人達が建物の外部住環境づくりに携わっているのが現状です。

　言い換えれば、エクステリア業に携わる技術者には建築、土木、植物を三つの軸とした広範な知識が必要であり、その基礎知識に裏付けされたデザインの考え方、現場における安全性、品質の確保という技術者としての姿が求められているといえます。建築にとても似つかわしくないエクステリアデザインから始まり、建築基準法など関連法規の理解不足、ブロック基礎から鉄筋、コンクリート工事などの施工品質不備及び安全面の軽視、樹木の耐性（抵抗力）・特性を無視した植栽他などが、知識のないままなのか？　競合業者とのコスト対応なのか？　いろいろ理由があるかもしれませんが、不具合現場、またはそれに類する現場が多いのも現実といえます。

　エクステリア業界が生まれて約35年、一般生活者が工事内容等についてもインターネット、各種雑誌などからさまざまな情報を得られるようになった状況のなか、よりプロとしての専門知識に裏付けされた対応が求められるのはいうまでもありません。

　建築・土木・植物という各分野での専門書は多数ありますし、一般的なガーデン雑誌、エクステリア雑誌も最近は増えていますが、これら広範囲な部分をエクステリアという視点で、体系的に整理された専門書はいまだ皆無といえます。

　本書が住宅エクステリアに携わる多くの人達や、エクステリア工事を考えておられる一般の人達の、失敗しないエクステリア計画の考え方の一助になればと思います。

住宅エクステリアの100ポイント

＊目　次

はじめに　3

第1章　エクステリア計画前の予備知識
1　「エクステリア」という言葉の持つ意味　10
2　「エクステリア」と「ランドスケープ」計画の違い　12
3　クローズ外構、オープン外構　14
4　エクステリアを構成する3つのゾーン　16
5　良質なエクステリアの条件　18
6　エクステリア計画前の与条件　20
7　エクステリア計画前に必要な建築図面　22
8　ライフスタイル、ライフステージへの対応　24
9　境界杭と敷地設計GLの重要性　26

第2章　エクステリア計画の全体概要
10　狭小地対応プランの特性（Ⅰ）　30
11　狭小地対応プランの特性（Ⅱ）　32
12　高低差対応プランの特性（Ⅰ）　34
13　高低差対応プランの特性（Ⅱ）　36
14　広大な敷地対応プランの特性　38
15　モダン系住宅対応プランの特性　40
16　カジュアル系住宅対応プランの特性　42
17　セキュリティ対応プランの特性　44
18　バリアフリー対応プランの特性　46
19　ペット対応プランの特性　48

第3章　エクステリア計画に必要な法的知識
20　【建築基準法】簡易カーポート屋根、テラス他　52
21　【建築基準法】ブロック塀の構造　54
22　【建築基準法】煉瓦積、石塀、その他フェンス、塀　56
23　【都市計画法】中心後退道路に隣接する塀、門及び地区計画　58
24　【宅地造成等規制法】宅地造成及び擁壁　60

25 【宅地造成等規制法】宅造法における擁壁構造概要 62
26 【風致地区条例他】その他関連法律 64
27 【民法】隣地側との取り合い関連 66

第4章　ゾーニングからプラン作成

28 ゾーニング 70
29 一般的なゾーニングの手順 72
30 南側接道（南入り玄関）のゾーニング 74
31 北側接道（北入り玄関）のゾーニング 76
32 東西入り玄関のゾーニング 78
33 プラン作成時における立面計画の重要性 80

第5章　門廻りの設計

34 門廻りの持つ意味と機能及び門の種類 84
35 門廻りの各部位と基本寸法 86
36 門廻りの位置パターン 88
37 門扉の取付位置、納まり 90
38 イメージ別表札選定 92
39 イメージ別ポスト選定 94
40 照明器具選定、取付位置 96
41 表札、ポスト、インターホンの適切な取付位置 98
42 機能門柱の付加価値を上げる方法 100
43 さまざまな門廻り事例からのデザインヒント 102
44 アールを使った門柱 104
45 石積、石貼門柱 106
46 タイル貼門柱 108
47 シャッターゲートに隣接する門廻り 110
48 屋根付き門の考え方 112
49 ガスメーター、会所桝などの処理方法 114

第6章　階段・アプローチの設計

50 アプローチ階段の幅、高さ、位置等の考え方 118
51 アプローチデザインの基本的パターン 120
52 アプローチデザインの形状、材料の組み合わせ 122
53 玄関ポーチ、アプローチ取り合い 124

- 54 バリアフリー対応アプローチ（スロープ対応） 126
- 55 バリアフリー対応段差昇降機 128
- 56 階段、アプローチの素材別対応 130
- 57 高低差のある階段、アプローチの考え方 132
- 58 扉の開き勝手と直角、曲線部階段納まり 134
- 59 水勾配と設備各種桝の処理 136

第7章 塀・外柵・擁壁（土留）の設計

- 60 塀の持つ意味と基本的な考え方 140
- 61 ブロック（普通ブロック、化粧ブロック）塀 142
- 62 タイル、煉瓦塀 144
- 63 ＲＣ塀 146
- 64 フェンス、木柵 148
- 65 植物（生垣）を使った塀 150
- 66 形状、素材の組み合わせを持つ塀のデザイン 152
- 67 スリットを効果的に使った塀のデザイン 154
- 68 擁壁の種類と効果的な使い分け 156

第8章 カースペース・ヤードスペースの設計

- 69 カースペースの考え方と直角、縦列駐車 160
- 70 カースペースの前面道路幅、勾配及び土間勾配 162
- 71 カースペースの扉、簡易カーポート屋根取付 164
- 72 カースペースの土間デザインと使用素材 166
- 73 ヤードスペースの考え方（Ⅰ） 168
- 74 ヤードスペースの考え方（Ⅱ） 170

第9章 エクステリア計画における効果的な緑（植栽）の設計

- 75 緑（植栽）の効用と役割 174
- 76 門廻り周辺の緑（植栽）の考え方 176
- 77 道路面の緑（植栽）の考え方 178
- 78 カースペースの緑（植栽）の考え方 180
- 79 アプローチからデッキ周辺の緑（植栽）の考え方 182
- 80 隣地側に対する緑（植栽）の考え方 184
- 81 イメージ別対応樹種選定の考え方（Ⅰ） 186
- 82 イメージ別対応樹種選定の考え方（Ⅱ） 188

83　壁面緑化、屋上緑化の考え方 190

第10章　施　工

　　　　84　敷地（工事場所）と設計図、境界杭の確認 194
　　　　85　現場養生及び近隣対策 196
　　　　86　土工事 198
　　　　87　地業及び基礎工事 200
　　　　88　鉄筋コンクリート工事（Ⅰ）型枠 202
　　　　89　鉄筋コンクリート工事（Ⅱ）鉄筋 204
　　　　90　鉄筋コンクリート工事（Ⅲ）コンクリート 206
　　　　91　コンクリートブロック組積工事 208
　　　　92　左官工事 210
　　　　93　吹付、その他工事 212
　　　　94　植栽工事の材料検査 214
　　　　95　植栽工事の植付け、土壌改良、養生・支柱 216

第11章　メンテナンス

　　　　96　材料、商品、施工特性説明と契約書、保証基準 220
　　　　97　門扉、フェンスなどの金属系材料の手入れ 222
　　　　98　タイル、石材、木製品他の手入れ 224
　　　　99　植栽物の潅水、整枝、剪定 226
　　　　100　植物の病気と害虫及び施肥 228

　　　　おわりに 230

```
column
  海外のエクステリア　　　住宅エクステリアの歴史
  ①―イギリス 28　　　　①―黎明期（1950～1970年代） 138
  ②―アメリカ 50　　　　②―草創期（1970～1980年代） 158
  ③―オーストラリア 68　③―街並みとしての意識（1980～1990年代） 172
  ④―トルコ 82　　　　　④―アウトリビング化とガーデニング（1990～2000年代） 192
  ⑤―イスラエル 116　　 ⑤―商品、商材の多様化（2000年～現在） 218
```

第1章
エクステリア計画前の予備知識

1　「エクステリア」という言葉の持つ意味

　エクステリアは、一般的にはインテリアの対語であり、建物のインテリア部分以外の建物外壁までを含めた敷地内の空間の総称といえます。今までは、日本の住宅はどちらかといえば、住宅本体及び内部のインテリアを主流として発展してきました。言い換えれば、住宅内部における居住性、ライフスタイル対応という部分が主に考えられ、外部空間に関してはおざなりにされていた感もあります。

❖ 快適な外部住空間の創造

　ところが、日本経済の高度成長によって住まいに対する価値観も多様化するなかで、量から質の時代に変わっていき、アウトリビングという言葉に代表されるように、エクステリアは、敷地内における単なる外を囲うだけでなく、個々のライフスタイルに応じた形での、より快適な外部住空間の創造という大きな意味合いを持つようになってきました。

　以前からエクステリアという意味で使われていた「外構（外柵）」は狭義の位置付けといえますし、現在は単に門、塀、フェンス、アプローチのみではなく、プライベートゾーン（庭の空間）も含めた敷地全体のトータルな考え方を大事にしています。エクステリア計画に求められるのは、住む人の個々のライフスタイルに対応した「快適な外部住空間の創造」といえます。

　快適ということは住む人にとって「心地良い」「肌に合う」「満足している、

ゴミゴミしているけど、すぐに欲しい物に手の届く方が私は満足で快適です。

すっきりと片付いて、広々としている方が私は満足で快適です。

図1　人により異なる快適な部屋内部のイメージ

不満を感じない」ということです。住宅の居住性、部屋の使い方、居心地の良さ一つとっても人によって大きく変わります。

　一歩外に出て敷地全体という視点でみても、それは同じことがいえます。見るからに車を入れにくそうな駐車スペースや、昇り降りしにくそうな使い勝手の悪い階段などもたまに見受けられます。また、綺麗に手入れされた樹木や咲き乱れる草花もあれば、逆に全く手入れもされていない荒れ放題の樹木もあります。何をもって心地が良いか、満足するか、不満を感じないかを知るためには、その人の個性・価値観・家族構成・ライフスタイル・テイスト（好み、趣味）・生活時間帯など、さまざまなことがわからないと見えてきません。

　インテリアの場合は、ある程度はその部屋を使う人のテイストを反映させていくことにより、比較的対応しやすい側面を持っていますが、ことエクステリアに関すると、もっと多様な側面をクリアする必要が出てきます。

　また、エクステリアには、建物内部空間には持ち込みにくい、樹木、土、水などの自然素材の材料があるのも特徴です。建物内部空間では表現しにくい部分を、自由な材料、外部住空間を用いて、住む人のライフスタイル、テイストを満足させるものにつくりあげていくことが住宅エクステリアのもつ大きな意義といえます。

❖ 街並みの一環としての快適性

　また、単にそこに住む人だけのエクステリアだけでなく、道往く人、コミュニティ（地域社会）にとっても快適な外部空間でなくてはならないのです。住む人だけではなく、街並みの一環としての快適性も同じように考えていく必要があるでしょう。

　威圧感のある高い塀で囲まれた敷地の前を通るより、四季折々の植物の変化があるところや、夏の夕方などは門廻り周辺の樹木などに打ち水がされていて涼を感じさせるような所の方が、誰にとってもはるかに心地良い空間といえます。

> **point**
> ＊エクステリア空間は、そこに住む人にとって快適な外部空間であると同時に、道往く人にとっても大事な空間である。

2 「エクステリア」と「ランドスケープ」計画の違い

　ランドスケープは、一般的には「風景、景色、景観造園」という意味合いで用いられています。「風景、景色」はどちらかと言えば、山、川、海などの自然のあるがままの状態というか自然界を指すのに対して、「景観」という言葉の持つ意味は単なる自然界だけではなく、道路、橋などから建築物まで含めた人の住む人間界と一緒に共存して見える状態のことをいい、「環境」という意味合いにもあたります。

❖ 諸要件をつかむ

　エクステリアデザインが境界杭に囲まれた敷地全体という視点で計画されているのに対し、ランドスケープデザインはその延長線上に拡がっていて、街並み計画から近隣の公園、商業施設に至るまでを含んでいます。街並み計画を進めるにあたり大事なことの要因の一つに、住む人の多様な住環境ニーズにどう対応し、応えていくかということがあげられます。言い換えれば、その街に住むだろう人々の多様なニーズのなかから、不特定多数の最大公約数的内容に照準を合わせながら、街全体の環境・景観から住民の住環境等の基本ニーズを絞り込んでいく流れとなります。

　一方、エクステリアデザインの場合は、当たり前のことですが、個人（建築主）が気に入ってくれるかどうかや、その人にとって価値があるかどうかがポイントといえます。自分が赤い色の車が好きだからといっても、青い色の車が好きな人には赤い車は何の価値もないし、興味もないということなのです。

　デザインも同じで、自分の好きなデザインでも相手にとっては好きと限らないし、むしろ、相手がどんなイメージが好きなのか？　どんなテイストなのか？　何に価値を求めているのか？…などの諸要件をいかに適格につかむかということが、デザインを進めるためには非常に大事です。

　また、デザインの考え方で大事な要件の一つに時間軸があります。朝、昼、夜という一日、春、夏、秋、冬という一年（季節）、2年、3年から数十年という長い期間までの時間軸、それに材料、工法の経年変化まで念頭においた計画が大事になります。同じデザインでも公園、商業施設などでたまに見るものと、朝から夜まで何年間も毎日毎日見るものでは見え方、感じ方も変わ

ってくるのは当然です。

　特に街並みの一部ともいえる道路面のエクステリアデザインは、決して奇をてらうものではなく、飽きのこない長い時間軸に耐えられることが大事になる訳です。そのなかで住む人の十人十色というか、個々のライフスタイル、テイストに合ったオリジナリティのあるエクステリアデザインが望まれるでしょう。

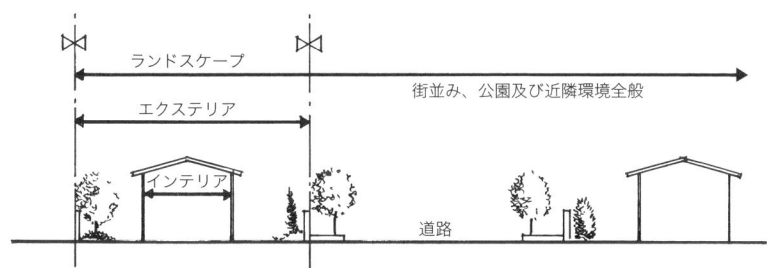

図1　エクステリア・ランドスケープの簡易断面

❖ 景観法の施行

　2005年6月に施行された「景観法」は都市、農山村、漁村等における良好な景観形成のための諸規制、景観整備機構による各種支援等の措置を講ずるためのわが国で初めての景観についての総合的法律です。

　美しい国づくり、地域づくりのために、今までも緑化の推進や自然環境への配慮、創造、再生から良好な景観形成を目的とした各種モデル事業、街並みづくりと一体となった事業などが展開されましたが、さらに大きな前進といえます。

　街全体の良好な環境、景観をつくっていくためには、道路に接している部分のエクステリア計画が重要であるのは言うまでもありません。エクステリア空間の持つプライベート性と街並みという半公共性を持つランドスケープ空間との接点が特に大事になる訳です。

> **point**
> ＊プライベート性を持つ個々の敷地であっても、ランドスケープデザインの街並みの一環として配慮された計画が必要。

3 クローズ外構、オープン外構

　エクステリアの概念は、古くは「外を囲う」とか「外を構える」という、いわゆる、外構（外柵）という考え方を中心に構成されていて、古い住宅地の場合などはほとんどの敷地の周囲には門柱があり、ブロック塀及び生垣、フェンスなどで囲まれていました。外を囲う、構えるという側面が強い外構工事、外柵工事というエクステリアが1960年代後半からスタートした訳ですが、社会的背景の変化、人々の住環境に対する意識の変化等により、エクステリア空間の考え方、使い方、素材、デザイン及び外構パターンも大きく変化してきました。

　1970年代後半までには現在の大手住宅メーカーの顔触れが出揃い、住宅の構法、様式、外観デザイン等の多様化が進むなか、国土法施行（1974年）等により住宅地開発に対する諸規制がかかり始め、旧住宅都市整備公団、地方自治体、民間ディベロッパーなども住宅における環境づくり、街づくりという意識を持って動き始めたといえます。

　特に、1980年代に入ると各種行政施策「アメニティタウン構想（1980年環境庁）」「景観形成推進協議会設置（1980年旧建設省）」「景観形成モデル都市、全国20ヶ所スタート（1987年旧建設省）」が打ち出されました。このことは人々の住環境に対する意識が変化していくなかで、個々の敷地内のエクステリア部分への欲求の満足度と平行して、自分の住んでいる街並みや環境にも「潤い、ゆとり、美しさ…」の感覚的な快適さを求め始めてきたといえます。また、車の保有台数が大きく変化し、1台から2台、3台と増えるに従い、従来のカースペースの扉によるクローズ形態では機能的にもデザイン的にも対応しにくくなったことも大きな要因といえます。

　一般的に道路に面している部分には門廻り、カースペース、塀・フェンスなどがあり、門扉、フェンスなどのデザイン、色などはトータルコーディネートされています。カースペース1台分の扉としては当初は開閉式（3枚、4枚）折戸が主流で、間口対応は3mくらいまでの制限があり、2～3台分となると通常では対応できなかったり、伸縮門扉（アコーディオン扉）ではデザイン的なコーディネートに難があることなども含め、構造的にもクローズ外構からオープン外構へと変化していきました。

1 クローズ外構

接道部（道路に接している部分）および隣地境界部を塀、フェンス、門柱、門扉等でクローズ（閉じる）する形態です。素材的には主としてブロック、左官等のコンクリート系素材とアルミ、スチール、ステンレス等の金物系素材というエクステリアの基本素材を中心に構成されています。

図1　クローズ外構の事例

2 オープン外構

基本的には門扉はなく、表札、ポスト、インターホン等の最低限の機能を持たせている門柱およびそれに類するタイプが多いです。大きな特徴は植物（樹木、草花等）を多用するなかで、街並みにおける緑量（緑の量）の提供があげられ、クローズ外構に見られる圧迫感、威圧感はほとんどありません。

図2　オープン外構の事例

> **point**
> ＊オープン外構は単なるオープンではなく、門壁の表札、ポストなどの位置から、土間デザイン、何よりも効果的な植栽等の配慮が特に大事。

4 エクステリアを構成する3つのゾーン

　住宅エクステリアのゾーン（区域、範囲）は、敷地形状、接道部分（南、北、東西）により多少異なりますが、大別すると「ファサードゾーン」「プライベートゾーン」「ヤードゾーン」の3つに分けられます。

1 ファサードゾーン

　ファサード（Façade）は本来、建物の正面という意味ですが、建物を含めたフロントエクステリアという形で用いられています。住まいと街並み、言い換えれば宅地（民）と道路（官）の接点の部分になりますので、セミパブリック（半公共性）な空間といえます。特に1980年以降、快適な住環境、街並みづくりという動きのなかで、閉鎖性の高いクローズ外構から緑を多く取り込んだオープン外構の流れとも相まって大きく変化した空間です。

2 プライベートゾーン

　主庭（メインガーデン）といわれた空間で、かつては鑑賞本位の「見る庭」が中心だったのから、住宅の洋風化、間取り、部屋の使い方などの変化とも相まって、住む人のライフスタイルに対応した生活を楽しむ外部空間「使う、介在する庭」と変化してきています。特に1990年の「国際花と緑の博覧会」以降にブームとなったガーデニング、ウッドデッキ・テラスなどを中心としたアウトリビング的空間として用いられています。

3 ヤードゾーン

　生活の外部機能を維持する空間といえ、建物内部では収納できないものや、むしろ、外部の方が良いもののためのスペースといえます。一般的には、物置、洗濯干場、外部流し台などを中心とした構成です。カースペースなども、単に「車を入れる」から「車も入れる」という考え方で見れば、ヤードスペースの一部ともいえますし、住む人のライフスタイルに対応したヤード構成でデザインが拡がります。

❖ エクステリアデザインのポイント

　エクステリアの計画とは、この3つのゾーンのなかで住む人の外部空間におけるさまざまな生活に必要な諸要件を満たしていくことです。そこは門柱、ブロック塀、フェンス、木柵、土留などの「壁（立面）」の部分と、カースペース・アプローチなどの石貼、タイル貼から砂利敷、芝生、土などの「土

間(平面)」から構成されます。つまり、エクステリアのデザインとはコンクリート製品、金属、煉瓦、石、タイル他のさまざまな材料を用いての「土間」と「壁」のデザインといえます。もちろん、その材料のなかには植物もあり、植物による土間と壁の構成というか、どう緑(植物)を効果的に使えるかということがエクステリアデザインのなかのポイントともいえます。

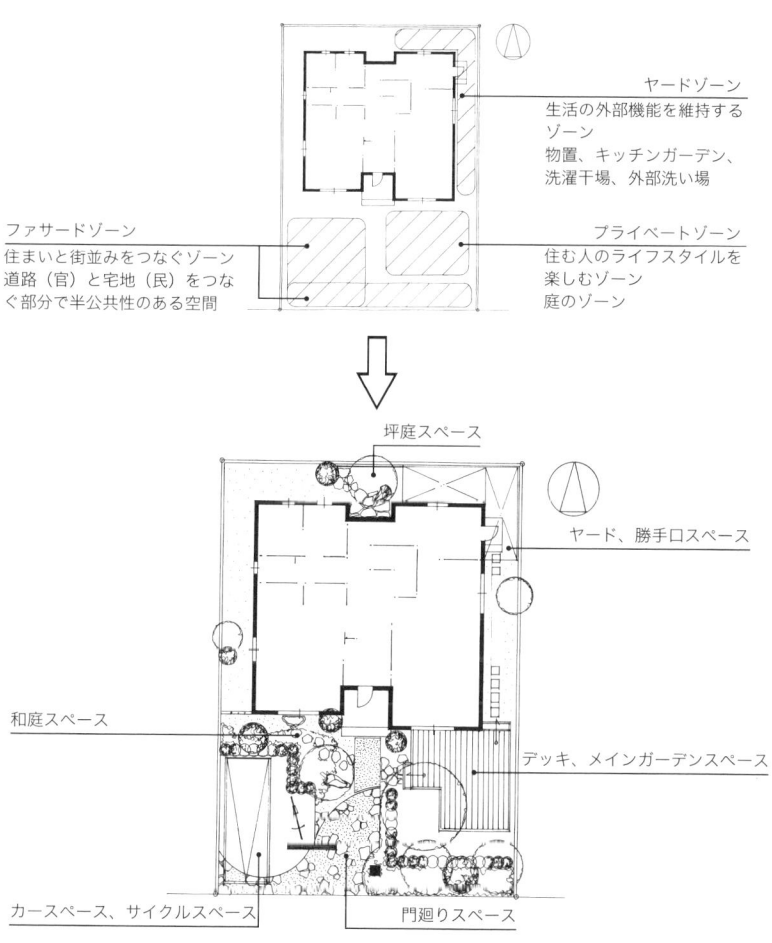

図1　エクステリアの基本的なゾーンと計画(南側道路の場合)

point

*エクステリアを構成するのは、ファサードゾーン、プライベートゾーン、ヤードゾーン。各々の役割を踏まえたうえでの計画が基本。

第1章　エクステリア計画前の予備知識

5 良質なエクステリアの条件

　良質なエクステリアという定義は、快適性という内容が個々の人によって異なるように、一概に決められない部分もあります。単に外部から見える範囲だけではなく、そこで住んでいる人の家族構成、ライフステージ、ライフスタイル、感性などのさまざまな要因があるのは言うまでもありません。

　エクステリアは建物に勝ちすぎても負けすぎても違和感は残りますし、ほどよく建物をアシストしてくれるくらいがちょうど良いのではと思われます。そこで良質なエクステリアとは、下記に対応できるかどうかがポイントです。

1 建築物本体との調和、一体感のある計画

　エクステリアという概念が敷地全体の外部住空間であるという位置付けからも明確なように、建物を含めた敷地全体のデザイン、色彩、素材等の一体感のある計画が望ましいといえます。

　具体的にいえば、建築全体のデザインから屋根材、外壁材を含め、玄関ポーチ、サッシなどの素材の持つ色彩、材質感などと関連性（同じかもしくは似ている）を持たせていくという形がより建物との一体感につながります。たまに、建物外観のデザイン・色とも似ても似つかないエクステリアを見ますが、単に奇をてらったのか、はたまた建築主のたっての要望なのか…、違和感だけが目立ちすぐに飽きがくる場合が多いのではと思います。

玄関ポーチ袖壁から延長した門壁の構成により建築との一体感を持たせています。

屋根付き門に建築と同じ屋根材を使ったり、塀の笠木としても用いることにより建築との一体感を持たせています。

図1　建築との一体感を持たせたエクステリア事例

2 エクステリアの社会性に配慮された計画

　街並みを構成する各戸のファサード部分（フロントエクステリア）は、プ

ライベートな部分と道路というパブリック（公共性）な部分の接点である以上、「個人の敷地であっても街並みの一部として溶け込んでいるか」「道往く人に威圧感のあるデザインになっていないか」などに配慮された計画が必要です。特に植栽スペースの確保や、生垣などの効果的な植栽計画が望まれるスペースといえます。

図2　接道部分及びファサード部分に効果的な植栽を配したエクステリア事例

③ エクステリア空間として機能を充分に満たす計画

エクステリア各部位（門廻り、階段・アプローチ、カースペース他）には、本来使い勝手、動線などの機能性が求められるのは言うまでもありません。動線に無理があったり、階段の幅が狭い、高すぎて上がりにくい、アプローチが滑りやすいなど、使い勝手（機能性）が悪ければ、いくら見栄え（意匠性）だけが良くても、どうしようもありません。一定の機能性に支障がなく、なおかつ見栄えの良いデザインというバランス感が必要です。

④ 住む人のライフスタイル、ライフステージに沿った計画

庭の使い方が大きく変わって、より住む人のライフスタイルを発信する場となるケースが増えていくなかで、「庭で何をしたいか」「何ができるのか」という個々の建築主に対応したデザインコンセプトがますます大事になってくるでしょう。また、二世帯住宅やライフステージに対応した長い時間軸（子供が大きくなってもう1台の車のスペースが必要になったり、今は支障がないが車椅子にも対応できるスロープ計画や段差昇降機等）にも対応できるように配慮された計画も必要といえます。

point
＊目先だけの流行、商材にとらわれすぎないで、住む人にとって長いスパンでの良質なエクステリア計画を提案することが顧客満足の第一歩。

6 エクステリア計画前の与条件

　エクステリアのデザインは、個々の建築主に意匠性と機能性のバランスのとれた快適な外部住空間を提供するためにおこなうものであり、そのためには、できるだけの情報、リクエスト、言い換えれば与条件（与えられた条件）を建築主から引き出し、把握することが必要なことは言うまでもありません。

　それも、単なる家族構成、車が何台とか、オープン、クローズ外構など一般的なヒアリングシート上の聞き取りではなく、好きなイメージ、テイストから好きなカラー（色）などを建築主の何気ない言葉や身につけている小物、雑貨などからも引き出すことが大事で、建築主から「どうして私の好きな色がわかったのかしら…」といわれるくらいが望ましいといえます。

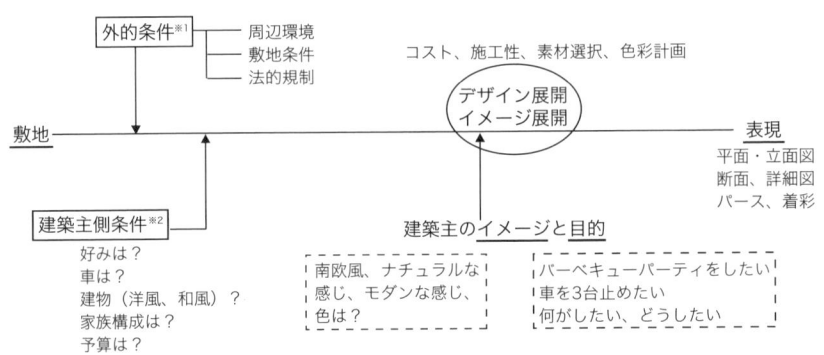

図1　計画前の与条件

1 外的条件

　ほとんどの内容が建物の計画段階での調査事項と合致していますので、建築関連の現地調査報告書などを参考にして考えていきます。

　エクステリア計画においては、特に隣地との関係（既存構造物との取り合いや掘削時の影響など土工事関連他）、境界杭などの確認は特に必要といえます。最近は、建替え物件やリフォーム物件も増えていますので、既設構造物、既存樹木などの調査確認も充分おこなうことが大事になります。

🏆 現場の場所はどうか？　周辺環境はどうか？
・気候、風土の地域条件、植物の生態系

- ・周辺環境（ニュータウン、市街地、地域の街並み他）

♣現地の敷地調査は充分できているか？
- ・前面道路（幅員、勾配、側溝の形状、電柱、支線、境界杭他）
- ・敷地（寸法、敷地・高低差、宅地側溝、最終桝、ガス、水道引き込み位置、既存樹木・構造物、境界杭他）
- ・隣地側との取り合い（既存物、隣家の窓・出入り口他）
- ・方位（日照、風向き、家相他）

♣法的条件はどうか？
- ・建築基準法（道路後退の有無、工作物申請他）　・宅地造成等規制法（切り、盛り、土留）
- ・建築協定、緑化協定、地区計画　　　　　　　　・条例（風致地区条例他）、他

② **建築主側条件**

　外的条件は個々の施主によって本来変わるものではありませんが、建築主側条件は建物の面積、デザインをはじめとして建築主の趣味嗜好、ライフスタイル、家族構成、車の台数、予算などによりさまざまな違いがあります。そのあたりの諸条件、要望を建築主との打合せのなかから聞き出し、整理して優先順位に配慮したゾーニング、プラン作成につながるようなヒアリングが必要です。

♣建物はどんなプラン？
- ・様式（和風、現代和風、洋風、和洋折衷、モダン他）
- ・グレード（ハイグレード、ミドルグレード、スタンダード）
- ・外壁、屋根、サッシ、玄関ポーチ等の素材、色

♣エクステリアイメージは？
- ・オープン外構、クローズ外構、セミクローズ外構
- ・ナチュラル、カジュアル、フォーマル、モダン、その他中間領域イメージ

♣家族構成は？　性格は？　ライフスタイルは？
- ・子供、お年寄り（安全性、スロープ、車椅子他）
- ・庭の空間の使い方（夫婦でのんびりティータイム、大勢でバーベキューパーティー、芝生でペットと遊ぶ、ガーデニングがしたい、眺める庭…他）

♣機能的部分は？
- ・車、自転車等の台数、屋根及び扉の要否　　　・屋外収納スペース（物置他）
- ・電気錠、カメラ付きインターホン、宅配ボックス

♣予算は？　工期は？

> **point**
> ＊どんなに優れた設計者でも、計画前の与条件を完全につかめていなければ、中途半端なそれなりの計画しかできない。

7 エクステリア計画前に必要な建築図面

　エクステリア計画を進めていくためには、さまざまな情報、与条件が必要ですが、大きく分けると敷地及建築物に対するものと建築主に対するものに大別されます。情報及び与条件の精度を高めることが良いエクステリア計画のために必要なことは言うまでもありません。

　ここでは、建築関連図面からの情報とエクステリア計画との関係を考えてみたいと思います。

1 現況図（敷地図）及び配置図

　敷地寸法、方位、高さ（BM、SGL、道路及び隣地との高低差）、道路幅員、隣地側構造物、隣地側建物及び開口部、新築建物配置…などがわかることにより、エクステリア計画における全体計画から土留などの各種構造物、車の動線、開口、隣地側に対する目隠しの有無などが方向付けできます。

　敷地設計でのGL（SGL）の表示は、基準点（BM）から＋○○などと明記されていない場合もたまに見受けられます。それは建築工事の場合、SGLの表示が図面上に表示されておらず多少アバウトな部分があっても特に支障がないという側面もあるからです。

　しかし、エクステリア工事ではSGLがわからなければ図面も描けませんので、建築図面での表示がない場合は、現場状況に応じ、仮SGLの設定が必要といえます。

2 建築1F平面図

　配置図では建築物の間取りまでは表示していないケースが多いので、1F平面図（S=1/50）から間取り、開口部の位置などがわかることにより、建築内部からの外部に対しての視野、視線の動き、目隠しなどの有無、建築物からの必要な動線（人の動き、導線）、ひいては、エクステリア計画のゾーニングへの足掛りとなります。

　エクステリア平面図作成に際しては、最低限建物の開口部がわかるように、また、物件内容に応じては建物間取りまで表示されている図面が望まれます。

3 立面図

　建築物の外部デザイン及び各開口部の高さなどが正確にわかることにより、建築物からの動線、建築物壁面に対する植栽効果、門柱、塀などの構造物と

の高さのバランス感などエクステリア計画の骨格の部分の方向付けにつながります。

　また、エクステリア部分の立面作成に際しては、建物の立面を一緒に表現することにより、初めて全体の雰囲気、高さ、幅などのバランスが判断できますので、そのためにも建物立面図は必要になります。

④ 設備図

　雨水桝、汚水桝の位置、配管経路及び水道、ガス、電気、浄化槽などの埋設位置、経路がわかることにより、土工事等による掘削時の破損防止から、会所桝及び配管移設、化粧蓋設置などの必要な処置につながります。

　最終的には現地での位置確認が必要になりますが、プラン作成時に桝の位置から逃げて計画するなどの方向付けにもなります。

⑤ 基礎伏図、矩計（かなばかり）図

　建築物基礎の形状、位置、矩計図による基礎、床高などがわかることにより、掘削の可、不可の判断から、建築基礎部近辺に隣接するデッキ、テラスなどの構造物の高さなどの施工内容がわかります。

　カースペースとして掘削工事が発生する場合において深基礎の位置、建物基礎近辺の植栽スペース確保のための偏芯基礎などは事前の建築関係者との充分な打合せが必要といえます。

　また、最近は耐震構造等も含め、基礎天が高くなる場合もあり、1階床高に合わせるウッドデッキの高さなどのためにも、矩計図など建物の断面寸法が必要といえます。

⑥ 仕上表（一般仕様書、特記仕様含む）

　建築工事の各部構造及び仕上げ等に関する表示がなされている部分で、特に外壁材仕上げ、屋根材、玄関ポーチ床仕上げなどはエクステリア計画と関連してきますので、規格、色などに気をつけてください。

point

＊計画段階の図面と現場では、配置寸法に変更があったり、SGLの高さ設定が変わっていたりする場合があるので、必ず現地確認のうえ進める。

8 ライフスタイル、ライフステージへの対応

　エクステリア計画が以前みたいに、単に境界線上に塀を作ったり柵で囲ったりするだけではなく、敷地全体をどう計画するかという視点に変わってきているのは前述した通りです。庭という概念が「見る庭、鑑賞本位の庭」から個々の建築主のライフスタイル、ライフステージに合わせた「使う庭、介在できる庭」へと変化してきています。そのなかで十人十色というか百人百様のライフスタイル、ライフステージに対応して、外部での暮らし方を気軽に楽しむタイプが求められている訳です。

　以前は、外構工事と造園工事は別々の領域という形で分けられていたのが一般的で、外構工事と造園工事の設計者も違ったりしていました。もちろん、今でも造園工事を専業とするところは多くありますが、池を作ったり、庭石、灯籠などを据えたりして、マツ、マキなどの仕立物を中心とした鑑賞本位の庭は少なくなってきています。エクステリア全体の視点のなかで、庭という空間も取り込んだ提案が非常に増えているのが現状といえます。

- ゆっくり、気軽にのんびりと楽しむタイプ
  家族のみや夫婦でゆっくりとした居心地の良いプライベート空間をウッドデッキ、テラスなどを中心に構成します。
- 大勢でワイワイ、ガヤガヤ楽しむタイプ
  気の合う友達と一緒に広々としたスペースを確保したなかでのガーデンパーティなどが楽しめるような空間を構成します。
- 子供、ペットが走りまわれるアクティブタイプ
  芝生などを中心に広いスペースを残していき、砂場や遊具などが配され、ペットとの触れ合いができるような空間をつくり、子供が大きくなれば砂場は花壇などへの転用も可能です。
- 外部流しのあるヤードタイプ
  サービスヤードを充実させ、キッチンガーデンからの野菜の洗い場であったり、釣り好きのご主人が使ったり、ちょっとした調理もできるスペースが外部での生活を支援してくれます。
- ガーデニングタイプ
  植物好きな人にはすべてをつくりこまないで、建築主が土いじりしたり、

植物を植えたりできるようなスペース、舞台を残すことも大事です。
- 眺める庭（和風、洋風タイプ）

　英国風雰囲気のイングリッシュガーデンからモダンな和風感覚の庭まで、まだまだ眺める庭も捨てたものではありません。

　このようなさまざまなライフスタイルに対応しながら、ライフステージの変化による車椅子の使用、車が増えた時への対応なども考え、また一人一人の建築主の要望を的確に吸い上げ、計画に反映させて居心地の良い外部空間を提案していくことが大事です。

本でも読みながらゆっくり、気軽にのんびりと楽しむタイプ

気の合う友達と大勢でワイワイ、ガヤガヤ楽しむタイプ

自分の好きな植物の成長を楽しむガーデニングタイプ

縁側に腰掛けて、落ち着いた雰囲気の和風の庭を眺めるタイプ

図1　ライフスタイルに合わせたさまざまなエクステリア

point

＊建築主のライフスタイルに対応しながら、ライフステージの変化にも対応できるように、より配慮されたプランが必要。

9 境界杭と敷地設計GLの重要性

1 境界杭（境界標）

　エクステリア工事において隣地境界及び道路境界等の位置を正確に明示している境界標が重要なことは言うまでもありません。境界標はその土地を利用できる権利の範囲を明確にしているものであり、建築工事の場合は多少位置がずれていても一定の施工は可能ですが、エクステリア工事の場合は境界標の位置が不明であれば施工不能といっても過言ではありません。新しく造成された住宅地などでは境界標はほとんど設置されていますが、古い住宅地などの場合は境界標がわかりにくかったり、ずれていたり、無い場合などもありますので、まず境界の確定が必要となります。

　計画図と敷地形状が異なっていたり、境界標らしきものはあるが確定できないような場合は、まず工事契約者との立会いは不可欠で、必ず確認してもらい承認という手順で進め、必要に応じ、隣地側所有者との立会いも大事になってきます。現地調査時に境界標がなければ地積測量図、登記簿謄本などの確認や、土地家屋調査士による測量をおこない、隣接するすべての土地の境界について隣地所有者（または管理者）立会いのうえ、境界確定図を作成し、境界標の設置が必要といえます。

　境界に関するトラブル、紛争は工事中断につながったり、建築主からの信頼を失う場合がありますので、慎重な対応が望まれます。また、現地調査時にはできるだけ境界標の位置の写真を撮ることをおすすめします。特に古い木杭や石杭などは工事中に動いたり、見えにくくなったりする場合もありますので、少なくとも工事着工前には現況杭の状況写真は残すようにしてくだ

※境界標はコンクリート杭、石杭の他にもプラスチック杭、金属杭、金属標（打込、埋込）などがあります。

図1　コンクリート標などの境界点表示方法

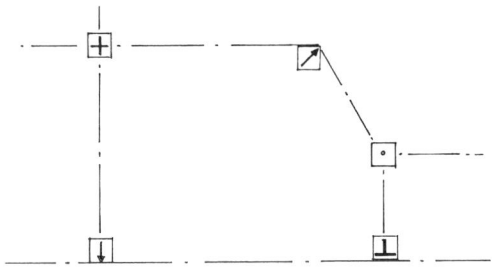

図2 境界標設置事例

さい。

2 敷地設計GL（SGL）

　敷地の設計GL（地面高）は、道路面及び隣地面との高低差の基準になるもので、一般的には建築図面にSGL＝BM＋○○などと表示してありますが、表示の無い場合も多々あります。

　BM（ベンチマーク、基準点）は、工事中に動いたり、破損したりする恐れのない道路上のマンホール蓋などが用いられたりします。エクステリア計画において造設する構造物や土間の高さ表示に関しては、SGL＋○○－○○を基本とし、建築図にSGLの表示が明確であれば第1優先とします。ただし、建築図面にSGL表示がない場合などは、建築物の基礎天－400〜450mm（ハウスメーカー、工務店により多少の差があり）及び雨水桝、汚水桝の桝蓋天などを基準としてSGLの設定をおこないます。

　建築工事がある程度進行している場合は比較的設定しやすいですが、建替物件などSGLの設定がわかりにくい場合などは、仮SGLとして設定した位置等を作成図面に必ず表示しておけば、工事着手前に計画図面と現場とのすり合わせができます。また、当初の設定と大幅（目安として10〜15cm以上）に異なってきた場合などは、積算内容とも関連してきますので、必ず図面作成日時及び仮SGL設定位置などを建築主に明確に説明しておけば、追加変更等の内容処理がスムーズにいきます。

point

＊エクステリア工事は官民（道路側及び隣地側）の境界周辺での工事が主となるので、境界標の扱いには慎重なうえにも慎重すぎる対応が必要。

第1章　エクステリア計画前の予備知識　27

海外のエクステリア①
イギリス

　イギリスの建物は建替えまでの平均耐久年数が約75年以上といわれるように、煉瓦造、石造などの外観は重厚感もあり、さまざまな建築様式を含め、伝統的な趣きを強く感じさせてくれます。屋根形状もさまざまで、屋根材は粘板岩（スレート）、桟瓦などが見られ、外壁も塗壁や煉瓦が中心といえます。撮影地はエベネザー・ハワードにより自然との共生、職住近接型の新しい都市形態の「田園都市」といわれる街づくりがなされたレッチワース近郊ですので、単なるエクステリアというだけの視点でなく、ランドスケープとしての街並みの一環として、建物とエクステリア部分がトータルな一体感のもとで整備されています。

✤ロンドン北郊（レッチワース周辺の住宅）

煉瓦造の外壁の一部はムベ、ビナンカヅラなどの蔓性植物が繁茂した状態の壁面緑化ともいえます。建物正面や壁面に配されたハンギングバスケットや大型コンテナの草花でまとめられているフロントエクステリアです。

全体を低く抑えた石積塀の一部に設けられた同素材の角柱と鍛鉄（ロートアイアン）の門扉によるクローズ外構で、シンプルですっきりした感じに全体がまとめられています。

建物と同じ煉瓦による低い塀と角柱の組み合わせによるオープン外構的な雰囲気です。煉瓦角柱からのアプローチ部分のコニファー（針葉樹）によるアーチ形状が植物の枝、葉の持つ面白い雰囲気を効果的に出しています。

第2章
エクステリア計画の全体概要

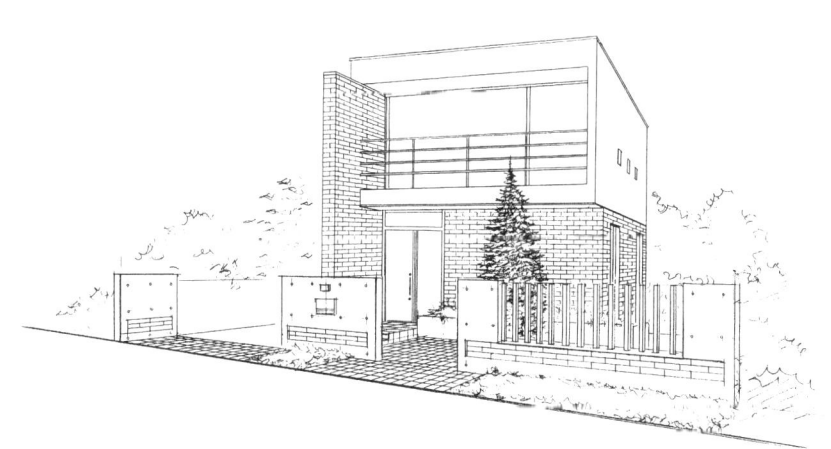

10 狭小地対応プランの特性（Ⅰ）

　狭小地とは、一般的には敷地面積が100m²前後の比較的狭い宅地を指しますが、敷地が変形していたり、要望が多すぎて結果的にはすべてのスペースに余裕のない場合なども含まれます。また、接道別にみれば、北側道路で建築物と道路境界までがあまり余裕がなかったり、旗竿の宅地なども同じことがいえます。

1 ゾーニング

　敷地が狭いためゾーニング自体は制限されやすいし、選択肢は比較的少ないといえます。カースペースなども建築プラン段階で固定されていますので、アプローチの方向性や、必要に応じ玄関ポーチの形状を変える場合も出てきます。また、玄関の位置が近いところにありますので、玄関扉に対しての目隠しや視線カットをどう考えるかがポイントといえます。

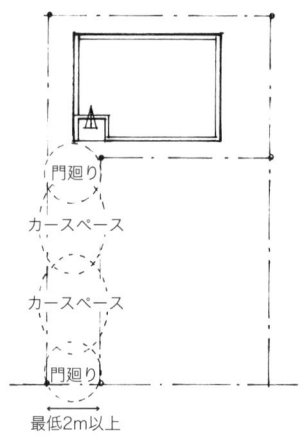

旗竿の宅地の場合は、カースペースはほぼ固定されますが、接道部間口により、門廻りの位置が変わったりもします。

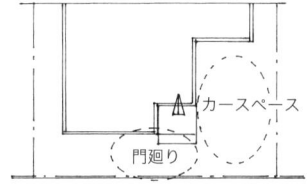

北側接道の場合は、建築プランの段階でカースペースが固定されがちです。

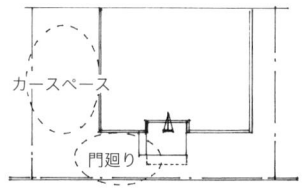

玄関ポーチのステップ位置により、門廻り及びアプローチ動線の形が変わる可能性があります。

図1　狭小地でのゾーニング

2 狭いスペースでの奥行感の表現

狭いスペースであるために、より玄関までの奥行感を感じさせる工夫が必要です。そのためには、手前に門袖や植栽による壁面を効果的に配したり、アプローチを直線ではなく曲げたり、土間に変化を持たせるのもポイントといえます。

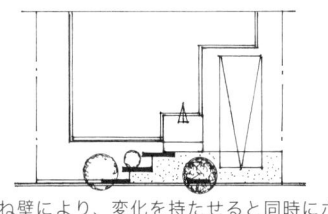

重ね壁により、変化を持たせると同時にポーチ正面の植栽が奥行感を感じさせます。

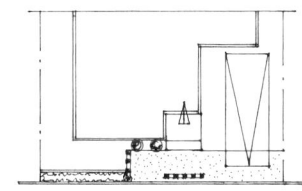

ポーチ正面の門壁や枕木などの建込みが、玄関ポーチのアイストップ効果と動線の方向性を感じさせます。

図2　奥行きを感じさせるプラン例

3 建築物との一体感

狭いスペースですから目に付きやすいので、ポイントとしては一点豪華主義的な見せ場も必要となります。また、あまり材料を多用しないで、玄関ポーチ仕上げ、建物外壁などとの一体感のある仕上げが望まれます。建築物の前面にアーチや化粧梁など、高さのあるものを設置し、一部を壁面処理とするのも一つの方法といえます。

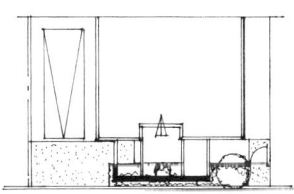

建物壁面に接続された桁、柱などを利用した門廻りの壁面処埋が、建物との一体感を演出してくれます。

図3　建物との一体感を出す仕上げ

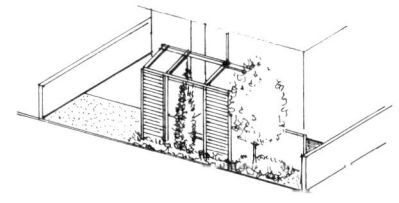

イメージスケッチ

point

＊玄関ポーチまでの距離があまりない狭小地などは、建物玄関正面に対しての視線カットやアプローチ動線、土間デザインの変化が必要です。

11 狭小地対応プランの特性（Ⅱ）

1 クローズ外構

　狭小地の場合は比較的オープン外構的処理が多いのですが、門扉等を設置するクローズ外構の場合は特に階段の高さ、位置、門扉の納まり等には細かい注意が必要といえます。現地調査時の敷地及び玄関ポーチと道路との高さや、建築物と道路との空き寸法、汚水桝、雨水桝の位置などの正確なチェックが望まれます。高低差がある場合などは特に慎重な対応が必要といえますし、階段などの方向性や取付位置などは「どう上がるか」というだけではなく、玄関ポーチから「どう降りるか」という視点で考えてみるのも一つの方法といえます。門扉の種類選択も開閉式（内開き）だけではなく、引戸タイプ、伸縮ハンガータイプなども並行して検討することにより、無理のない動線が生まれたり、ゆとりのある門廻りのスペースにもつながるといえます。

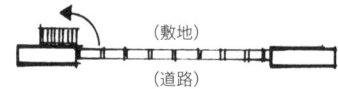

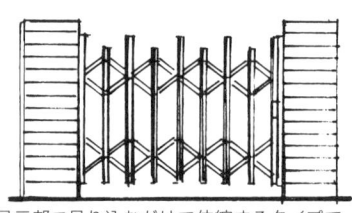

吊元部で吊り込むだけで伸縮するタイプで、180°回転収納機もあり、間口の狭い場所などに適します。

図1　伸縮ハンガータイプの門扉

スペースに余裕がないのと、建物が接近していますので、玄関ポーチ等への視線カットの塀や植栽などの工夫が求められます。

図2　狭小地のクローズ外構事例

2 地下埋設物

　北側道路の場合は、建物間取りの関係上、浴室、洗面所、台所などの水廻りからの汚水桝や雨水桝が集中し、最終桝に接続されています。桝の位置は当然のことながら、配管経路、管の深さなどの調査も確実におこなうことが大事になり、精度の低い現地調査のために、図面上の門廻りや階段位置等が施工レベルで納まらなかったり、現場合わせにせざるを得なくなったりする

ことがないように充分注意してください。また、水道、ガスなどの引込位置から建築物内部への配管もあり、掘削時、基礎工事などの時は、水道、ガス管などを破損したりすることがないような慎重な作業が望まれます。

③ 効果的な植栽計画

狭いスペースですので多くの植栽を望むのは無理になりますので、それだけに効果的な植栽計画が大事になります。玄関ポーチへの視線をカットする植栽や、門壁と土間との接点に低木を配するなど、植物を土間、壁の一部として使うことがポイントになります。動線との関係もありますが、あえて人が通れないように緑の壁をつくってみたり、土留の天端を一部下げて植栽スペースをつくるのも一つの方法といえます。

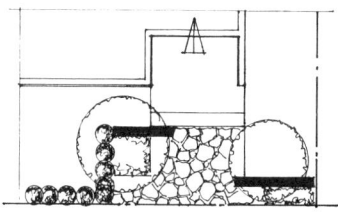

玄関ポーチの一部に重ねた門壁は、手前の門壁との間の奥行感の演出効果を出すと共に、玄関ポーチ側からの視線にも配慮しています。

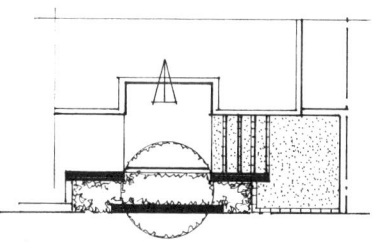

ポーチ正面の壁面とヤマボウシなどの落葉樹による奥行感の演出と共に、玄関ポーチの視線カットも兼ねています。

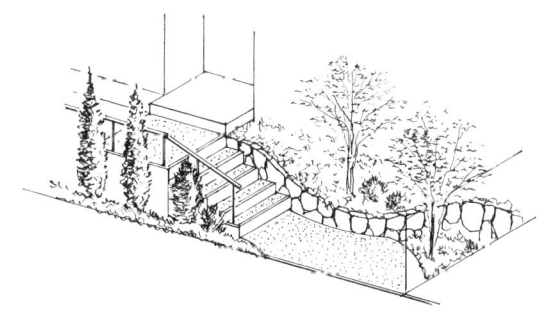

石積天端を曲線にて下げながら、法面部分に植栽をすることにより、狭いスペースでの土留の威圧感を解消しています。

図3　狭いスペースでの効果的な植栽

point

＊北側道路などの狭小地で特に高低差がある場合は、会所桝、配管などの地下埋設物位置の正確な現地調査による図面作成が大切。

12 高低差対応プランの特性（Ⅰ）

　道路と宅地及び宅地と宅地に高低差がある場合、法面部分に盛土をして敷地を有効利用していくためには何らかの擁壁（土を止めるための壁、土留）が必要となります。特に高低差が1mを超える場合は、宅地造成等規制法（宅造法）に抵触する場合もあり、宅地として安全性が確認できない場合は建築物本体の確認申請や完了検査にも関連してきますので、慎重な対応が必要です。

① 高低差が１mを超える場合

　敷地が宅地造成規制区域内か区域外かの確認をおこない、区域内であれば宅造法に準じ申請許認可工事をおこないます。宅造規制区域内かどうかの判断は、附近見取図や敷地図などの建築図面上の「法規則」という部分にて区域内・外を確認するか、または直接役所の担当部署に確認してください。特に建築確認申請前、建築工事中などの場合は、必ず宅造法の手続きに準じ計画を進めてください。普通ブロックによる擁壁や構造計算上問題のあるようなRC擁壁などを安易に施工したために、建物本体の確認、検査などに影響を与える場合がありますので、充分注意しての計画が望まれます。

② 高低差が２mを超える場合

　宅造法の規制区域外でも高低差が2mを超える擁壁を施工する場合は、指定工作物としての申請が必要になります。指定工作物とは、建築物に該当しない工作物のうち構造上の安全性などを確保するために、建築基準法の規制が適用されたものをいい、煙突、高架水槽、サイロ他なども対象になっています。また、エクステリア計画においてもカースペースがオープンカットだけではなく、掘込み式RC造車庫も可能な高さとなりますので、建築計画と平行して進めていくことにより、土地の効果的利用にもつながります。道路と宅地との高低差が1.8m以上あれば掘込み式車庫のスラブ天は敷地SGLより40～50cm前後の高さになりますが、建築計画で床高の一部を変えることにより、車庫上部への建物配置もできるということです。

③ 隣地側との取り合い

　宅地と宅地間には高低差がなくても道路と高低差がある場合は、擁壁、カースペースの掘削時に隣地側構造物との取り合いに充分に配慮した計画が必要といえます。特に、建替物件などで隣地側に塀などの構造物がある場合は

余掘（隣地側を余分に掘削する）工事が無理ですので、カースペースなどは隣地境界から掘削時に支障のない位置で計画するか、隣地側に対して山止工事（掘削工事にあたって、掘削面及び周辺地盤の土圧、水圧等を支え、土砂等の崩壊を防止する工事）をおこない、境界近くまで施工するかの選択が必要になります。

　土留工事の工法としては、擁壁のベース部分を自分の敷地内に入れるため通常は逆L型タイプになりますが、隣地側に対してできるだけ接近した位置での土留ということからすれば、型枠組の作業スペースが必要なRC土留よりも狭いスペースでの施工が可能となるCP型枠ブロックによる土留がおすすめともいえます。

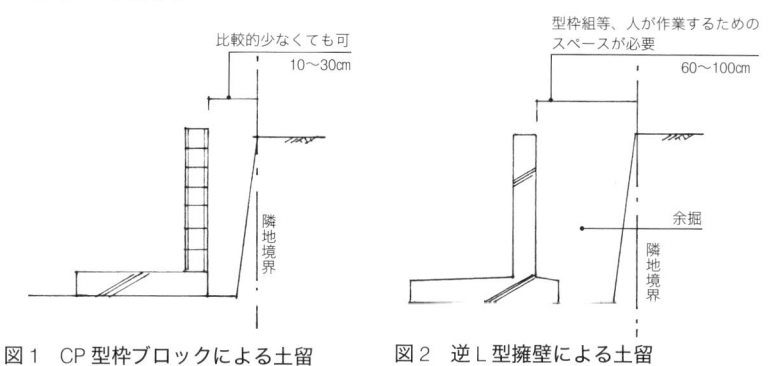

図1　CP型枠ブロックによる土留　　　図2　逆L型擁壁による土留

4 積算段階

　高低差が（1.5〜2.0m以上）ある場合は、かなりの掘削量を伴う土木工事となりますので、工事に際しての工事車輌進入路、使用重機などの種類によりコストが大きく変わります。また、掘削した土が宅地内に仮置可能か、場外に残土処分として搬出するのかなどは、敷地の大きさ、建築工事の前か後かなども含めて積算に反映していく必要があります。土木工事の場合は、掘削時、コンクリート打設時などの安全誘導員等の養生費、安全費も一般のエクステリア工事とは大分異なりますので、積算時にはそのあたりに充分配慮して進めてください。

> **point**
> ＊高さが1mを超える擁壁は安易に考えないこと。1.8mくらいの高低差がある宅地は建築計画と連動することにより、掘込み式車庫も可能になる。

13 高低差対応プランの特性（Ⅱ）

　高低差があるということは、必然的に高い擁壁になりやすいし、階段の段数も増えるということですので、高い擁壁による圧迫感、威圧感の解消と単調になりがちな高い壁面をどうデザイン的に和らげていけるかがポイントです。

1 圧迫感・威圧感の解消

- 道路面に高い擁壁を施工する場合などは、できるだけ植栽スペースを確保することにより、威圧感は解消されますし、単調になりがちな壁面に何らかのデザイン的処理をするか、トレリスなどに植物を這わせたり、プランターなどを配するのも一つの方法といえます。

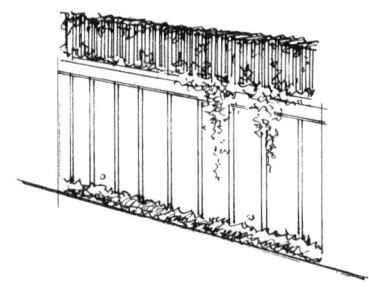

リブ材を使ってタテのラインを強調し、RC壁面の単調さを解消させ、生垣の足元から蔓性植物を垂らしています。

多少高さのある植込みスペースの確保と、RC壁面にトレリスを配し、蔓性植物をからませています。

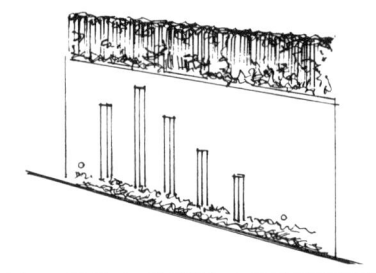

アルミ角パイプや角材（ウリン、イペ材他）を手前に配し、高さに変化を持たせています。

図1　デザインや植栽による威圧感の解消

- 門廻りを少し後退したり、できるだけ余裕のあるスペースを計画し、効果的に樹木を配することも大事になります。門の位置はできれば階段を数段上がった位置に計画することにより、必然的にゆとりのある門廻りのスペースが生まれるといえます。

2 階段・アプローチにできるだけ変化を持たせる

　長い階段はどうしても単調になりがちですし、機能的にも階段を上がるのに疲れてしまう場合もあります。敷地に余裕があれば直線のみの階段はできるだけ避け、踊り場を設けてみたり、方向性に変化をつけることが必要です。もちろん、コストという側面から見ると壁面の長さ、掘削量が増えるので割高になりがちな面もありますが、擁壁などの土木構造物は一度作ればそんなに簡単にやり変えはできませんので、使い勝手や門廻りからアプローチ周辺の見栄え、ゆとりなど長い目で見たトータル的判断が望ましいといえます。

　また、安全面からも手摺や足元照明、踏面と蹴上げ面の材料、色違いなどデザイン面にも配慮した計画が大事です。

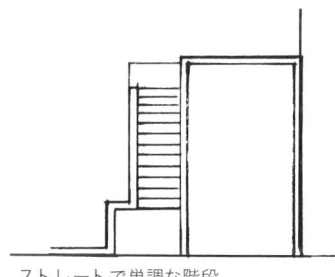

ストレートで単調な階段 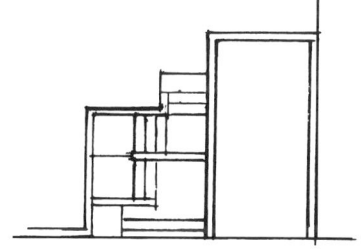　　　　踊り場、階段の方向性の変化などにゆとりのある階段

図2　単調な階段と変化のある階段

3 法面植栽との利用

　高低差をすべて擁壁で平坦にするだけではなく、擁壁の高さを抑え植栽や芝生を用いた法面処理と併用することにより、道路面からの雰囲気も大きく変わります。コスト的にも抑えることができますし、何より緑豊かな街並みにもつながります。

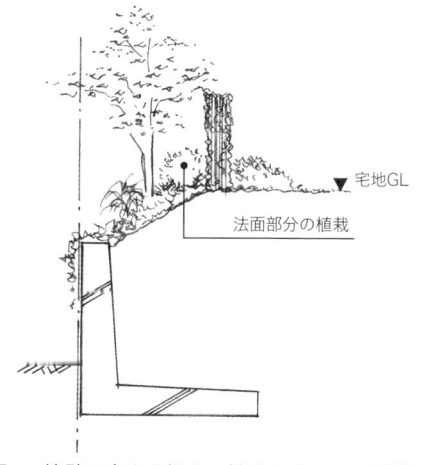

図3　擁壁の高さを抑え、植栽を用いた法面処理

point
＊段数の多い階段、アプローチにはできるだけ方向性に変化を持たせることと、高い壁面の圧迫感、威圧感の解消はプラン上の必須条件。

14 広大な敷地対応プランの特性

　造成時の住宅地の面積は、160〜240m²前後が一般的な大きさといえますが、地方に行けば田畑を埋めたりして宅地を造成することもあり、500〜700m²以上の広大な敷地もよく見かけます。

　建築物の面積も通常よりは大きく、敷地が広いために敷地全体のなかに余裕を持ち配置されていますので、通常の一般的な宅地とは異なるエクステリア計画の視点が必要といえます。

1 ゾーニング

　カースペースも来客用を含め4〜6台分は必要というケースが多いのですが、なにしろ敷地が広大なため、ゾーニングの選択肢が多いといえます。

　ゾーニングを絞り込んでいくためには、将来的な敷地全体の利用計画など建築主の要望、与条件を充分理解したうえでの最適なゾーニングが求められ、そのためには少なくとも2〜3案以上のゾーニングによるメリット、デメリットの抽出から絞り込んでいくという形が求められます。

　できあがった図面だけで建築主に提案するのではなく、2〜3案以上のゾ

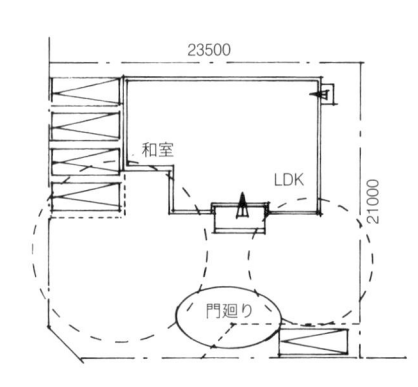

門廻り周辺に車来客用1台分の確保にとどめているために、ゆとりのある門廻り計画となりますし、LDK前はかなり広く使えます。4台駐車スペースから建物への動線と和室前の造園計画での一工夫が必要といえます。

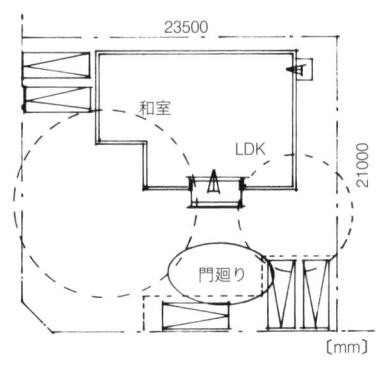

車の使用頻度等によれば動線を含めバランスの良いゾーニングといえ、和室前の庭はゆとりのあるスペースのため、さまざまな計画へとつながりますし、リビング前の空間も一定のスペースが確保できます。

図1　敷地面積約490m²のゾーニング事例（車は来客用含め5台）

ーニングからラフプランの流れを説明することにより、プランの違いを充分理解してもらうというプロセスを踏んでいくことが、広大な敷地に対応したエクステリア計画の基本といえます。

2 動線計画

接道部分から建築物までのスペースが広いため、カースペース、門廻りなどから玄関までの動線距離も長くなりがちですので、アプローチの幅、仕上げも含め、単調にならないような工夫が必要になります。

また、門廻り、カースペースの位置によっては、敷地を大きく分断したりしますが、敷地が広いため庭の空間構成をうまく考えることにより、充分対応は可能です。

3 全体イメージ・デザイン

敷地、建築物が大きいためスケール感のある大きなデザインで全体を考える方が効果的ですので、あまり小細工をしないで全体感のあるデザインが望まれます。イメージ的には重厚感のある屋根付き門でフォーマルなクローズ外構とし、接道部分もフェンスなどより、塀または生垣などが適しています。

フェンス等を用いる場合は、アルミ形材フェンスよりは重厚感のある鋳物フェンスの方が雰囲気良くまとまってくるといえます。

4 植栽計画

全体の造園計画により異なる部分はありますが、明るい解放的な雰囲気の庭に仕上げていくためには、さまざまな樹種を多用するよりは、敷地も広いのでアメリカフウ、メタセコイアなどの集団（3〜5本組）としての樹種選定や緑量感のあるクスノキ、ケヤキなどのシンボリックな樹木の効果的な配置が望まれます。

敷地が広いということは、庭の形態にもよりますが、つい単調になりやすい面を持っていますので、芝生のマウンドなどで地面に起状をつけたりして、立体感のある庭の構成のなか、集団で組まれた樹木やシンボリックな樹木がほしいところです。

> **point**
> ＊広大な敷地は、数々のゾーニングから絞り込まれたマスタープランをベースに、全体をスケール感のある大きなデザインに仕上げていく方向が大事。

15 モダン系住宅対応プランの特性

　ここ数年来、団塊ジュニア世代の住宅取得者を中心に、シャープでシンプルなデザイン性の高いモダン系住宅が増えてきています。住宅スタイルとしてはスタイリッシュ（現代風、当世風）、トラディショナル（伝統的、旧式）などに大別され、和風・洋風のテイストを持つ洗練された雰囲気の住宅外観といえます。もちろん、モダン系住宅といってもファッションの流行と同じように過去にも多く建てられた時もありますが、最近は新しく開発された住宅外壁材、建材、エクステリア関連商品などにより、よりモダンな雰囲気の演出がなされています。

♣「モダン」につながる言語イメージとは

　現代風、最新の、流行、スマートな、スピーディーな、すっきりとした、シンプル、進歩的、シャープな、アーバン（都会的）、アクティブ（活動的）…他

♣「モダン」につながるデザインとは

　直線、幾何学的デザイン、整形式、三角形、面構成、シンメトリー（左右対称）、キュービック（立方体）、スクエア（正方形、四角）

♣「モダン」につながる素材とは

　金属（アルミ、ステンレス、他）、RC造、コンクリート系、ガラスブロック、ガラス…などの人工素材が中心

♣「モダン」につながる色とは

　寒色系（青）、黒から白までのモノトーン色、高彩度

♣「モダン」につながるテクスチュア（質感）とは

　すべすべしている、ツルっとしている、ピカピカしている

　エクステリア全体のイメージ構成としては、セミクローズからクローズ外構といえますが、オープン外構でも特に違和感はありません。壁面と土間部分の基本的デザイン構成は直線や四角形（スクエア）中心の整形デザインになりますし、建物外部デザインとうまくつなげていくことがポイントといえます。

　建物の外観イメージもすっきりとした直線のラインと面で構成されている

ものが多く、屋根の形状もフラットタイプから対角線を強調したものまであり、外壁の色使いも白を中心にグレーから黒のモノトーン色を効果的に配しています。素材、色としての用い方は、モダンイメージを構成する要素を中心に構成し、時には反対のイメージを持つ曲線や暖色系の赤などをポイントとして用いて強調する場合もあります。

　メーカー商品としての機能門柱もシンプルでシャープなモダン系対応商品として多く出ています。機能門柱を設置するだけでもそれなりのイメージが伝わりますが、できることなら機能門柱のサイドにアルミ角柱を建て込んでみるなどの一工夫が欲しいところです。

建物外壁の白に合わせ、全体をコーディネートされていて、ガラスブロックの淡いブルーが爽やかさを演出しています。

モダン系の集合住宅の門廻りは、白の金属板をベースにした機能門柱で、照明も中に組み込まれています。

15年以上前の集合住宅の門廻りですが、別注のヒモナシ瓦とリブ入りRC壁は今でも斬新な感じです。

RC造の車庫と一緒に計画された壁面ですが、コア抜きした部分が単調さの解消も含め、効果的といえます。

図1　モダン系住宅対応のエクステリア事例

> **point**
> ＊モダンなイメージを構成する要素のなかに、反対のテイストを持つ色、テクスチュアなどをうまく組み合わせることで、さらにモダンさが強まる。

16 カジュアル系住宅対応プランの特性

　カジュアル系住宅とは、従来の洋風住宅がベースになっていますが、最近は南欧風、北欧風、北米風など洋風住宅も多様化してきています。例えば、南欧風といってもイタリア、フランス南部からスペイン、ポルトガルまでの広い地域を指しますので、一概にはくくれませんが、一般的には南欧風イメージを持つ住宅であれば、暖色系（赤〜黄）のスパニッシュ瓦に、白色の外壁やロートアイアン（鍛鉄）の手摺などで構成され、開放的な明るい雰囲気を持つ親しみやすい外観デザインの住宅をいいます。

　また、モダン系に比べると植物の量も多く、全体のナチュラルな感じが煉瓦、枕木、石貼などの自然素材と共に良く合いやすいともいえます。

♥「カジュアル」につながる言語イメージとは

　解放的な、明るい、陽気な、動きのある、リズム感、家庭的な、気軽な、のどかな、のびのびとした、親しみやすい、自然な…他

♥「カジュアル」につながるデザインとは

　曲線の多用、非整形式デザイン、図形イメージ、乱形、自由曲線、デコラティブ（装飾性）な形、段差、スリットなど、動きのあるデザイン

♥「カジュアル」につながる素材とは

　枕木、石、砂利、植物などの自然素材や煉瓦、タイル、テラコッタ（素焼き）などの窯業製品が中心ではありますが、ロートアイアンなどアンティーク性を感じる金属系もポイントとして利用

♥「カジュアル」につながる色とは

　暖色系（赤〜黄）、単色より色ムラ、高彩度

♥「カジュアル」につながるテクスチュア（質感）とは

　マット（光沢のない）、ゴワゴワしている、ザラザラしている

　エクステリア全体のイメージ構成としては、オープン外構からセミクローズ程度の親しみやすい解放的な形といえます。建物のデザインも玄関ポーチ部やベランダ部分などに半円形やアールの整形な部分が取り入れられている場合も多いので、エクステリアのデザインも基本は直線でなく曲線を基調としたなかで構成していきます。整形な円や半円だけではなく、大きな曲線を

持つ壁面なども多少エレガントな感じが強くはなりますが、カジュアル系の住宅にも充分対応できるといえます。土間のデザインも曲線が主体になりますので、壁面からスムーズに土間ラインにつながることにより、一体感のある柔らかな雰囲気の演出ができます。土間の中にサークル状やスクエア（四角形）状の石貼、タイル貼などを配し、広い土間のデザインの一部として用いることもおすすめします。

　高さを変えたり、出面を変えたり、ジグザグにしたり、壁面や土間にリズミカルな動きを感じさせるようなことも合わせて考えていくことにより、よりカジュアルな雰囲気が演出できます。

高さの異なるアールの重ね壁で構成し、足元周辺の植栽スペースから伸びる煉瓦ラインが効果的です。

小窓のくり抜かれた柔らかな曲線を持つ壁面と、幅木の擬石のランダム感がうまく調和しています。

煉瓦笠木、塗壁、ロートアイアンの表札などカジュアルイメージでまとめられている一般的な門袖といえます。

煉瓦角柱とS瓦の笠木を持つ壁面で構成されている門廻りが、アプローチ周辺の緑の多い空間と良く調和しています。

図1　カジュアル系住宅対応のエクステリア事例

point
＊カジュアル系を望む建築主には、自分で飾り付けたり、DIYとしてのスペースを残すくらいのデザイン処理でとどめる方がうまくいく。

17 セキュリティ対応プランの特性

　ここ数年、空き巣などの侵入盗被害が増加し、ピッキング防止の玄関ドアや侵入を防ぐ防犯シャッターなど建物での防犯対策が話題になっています。最近は建物だけでなく、エクステリア計画の際に何らかのセキュリティ機能を持たせるようなことを合わせて検討していき、より防犯機能を高めたいという建築主が増えていますので、エクステリア部分のセキュリティという視点が大事といえます。

　セキュリティ対策は建物でおこなうことが基本ですが、エクステリア計画の段階でもある一定の効果を持たせることは可能です。

1 周囲からの見通しを良くする

　高い塀やうっそうとしている樹木で囲まれた家は、一見安全そうですが、一度侵入してしまえば外からの見通しが悪いため、通行者や近隣の目に触れることはないので、逆に無用心ともいえます。できるだけ外部からの見通しを良くするためにも、高さ1m前後のフェンス、塀、生垣などが効果的な防犯対策となります。もちろん、すべての現場が見通しの良いフェンスとはいきませんし、プライバシーの保護のために、外部からの目隠しを要望される建築主も多いので、その場合は他の対策を講じて柔軟な対応が望まれます。

図1　外部から見通しの良い囲いとは

2 「音」による仕掛け

　侵入盗は自分の周りの音に敏感に反応しますので、音による防犯対策は昔からおこなわれています。人感センサーによるアラームで侵入盗が逃げ出し

た話も良く聞きますし、建物の周囲を砂利敷にすることにより、外部からの侵入者が足音でわかるという効果もあります。砂利敷の場合は、比較的安価で対応できますし、最近はホームセンターなどでも防犯砂利として市販しているくらいですので、建物の周囲をコンクリートの土間で固めてしまうよりは効果的といえます。

③ 「光」による仕掛け

　侵入盗は夜間に家に忍び込む際、人に気づかれにくい暗い家を好む傾向があり、家の周囲を明るくすることも大きな防犯対策といえます。門灯、アプローチ灯の照明による明かりだけではなく、人感センサー付きの照明、スポットライトなども効果をさらに高めてくれます。

　このような照明は簡単に設置できますし、人の動きを検知すると約10秒間のフラッシングとその後点灯し続け、人がいなくなると自動的に消灯するなど防犯対策には効果があります。

④ 門廻りの仕掛け

　侵入盗の大半は家人の不在を確認後侵入しますし、顔を見られることを嫌いますので、門廻りのカメラ付ドアホーン、TVカメラも有効です。門扉もできれば電気錠に類するものがあればさらに効果的といえます。

　門廻りに警備会社のステッカーや猛犬注意などを貼ることも侵入盗に対する防犯対策を高めてくれます。

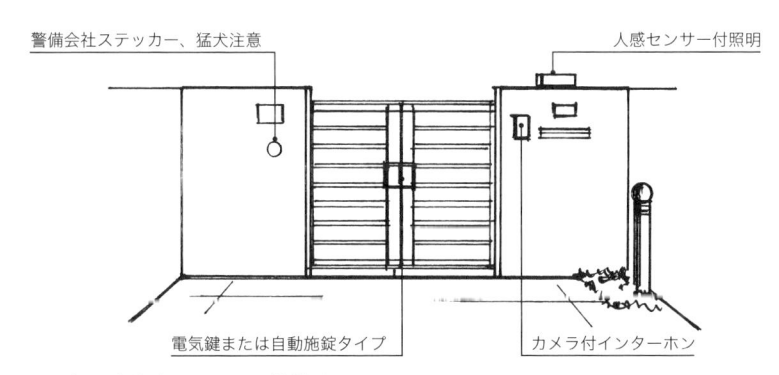

図2　侵入盗を防ぐ門廻りの仕掛け

> **point**
> ＊エクステリアにおけるセキュリティ対応の基本は、空き巣狙いなどの侵入盗に侵入する気を起こさせないなど、建物に侵入する前に退散させること。

18 バリアフリー対応プランの特性

　バリアフリー（Barrier-Free）とは、障害者や高齢者の生活に不便なもの（具体的にいえば段差などの障壁）を取り除くという考え方です。

　建物のなかでの生活に関するバリアフリーの考え方はすでに定着していますが、エクステリア計画においては敷地にゆとりがないこともあり、まだまだ未整備で見落しがちと言わざるを得ません。毎日、当たり前のように使うアプローチ、門扉なども少し配慮することにより、高齢者や車椅子を使う人を含め、家族全員がいつでも安心して無理なく移動したり、使ったり、快適に暮らせる空間となります。

　敷地のスペースの関係もあると思いますので、スロープ造設の場合はカースペースからのサイドや奥の方を利用した動線として考えてみたり、高低差がありスロープが無理な場合は将来的に段差昇降機を設置できるようなスペース処理をするなど、生活の変化を見据えた計画が望まれます。

1 手摺

　安全に通行するためには、両側に手摺を付けるのがベストですが、スペースの関係で両側は無理でも、少なくとも片側には腰骨の高さ（70〜80cm内外）を目安に設置してください。素材は夏は暑くなりにくく、冬は冷たくなりにくい木質素材（Φ38〜40mm）などがおすすめです。

図1　バリアフリー対応スロープの手摺

2 階段・アプローチ （※勾配、幅等の詳細は設計編 p.127 参照）

　階段・アプローチ部分は、もっとも事故が起こりやすい場所ですので、安全面に充分配慮された段差やスペースの確保と共に、滑りにくくて車椅子等でも移動しやすい素材の選択が大事です。

煉瓦貼や石貼の深目地や石の凹凸面などは、健常者の歩行性にはほとんど影響はありませんが、車椅子の動作にとっては動きにくい場合もありますので、できれば抵抗の少ないコンクリートやモルタルの刷毛引き、ホウキ引きなどが適しています。また、車椅子のためのスロープはできるだけ緩やかな勾配にして、アプローチ幅を広くとることが必要になりますし、脱輪防止など細部にわたる配慮も大切です。

③ 門扉

高齢者や車椅子の方にとって門扉の開閉は、健常者が思う以上に大変な作業といえます。通常の開閉式扉よりは「引戸」や「自動開閉扉」など車椅子に乗ったままでも動作が楽な門扉が適していますし、門扉の開口幅は車椅子でも通行できるように最低90cm以上は確保してください。

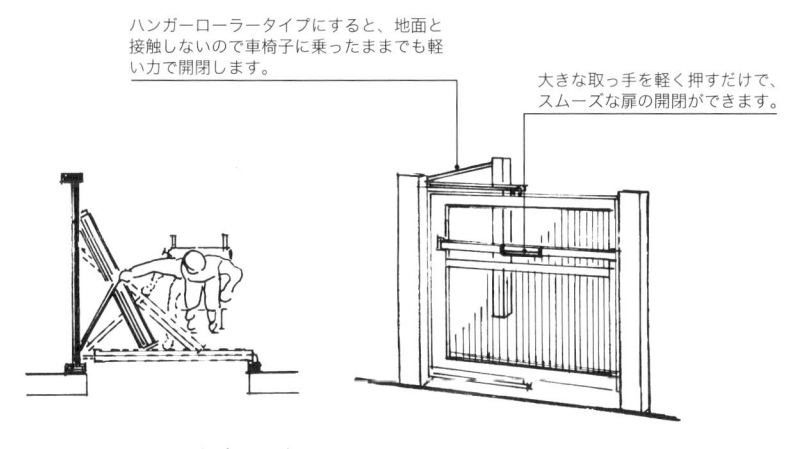

ハンガーローラータイプにすると、地面と接触しないので車椅子に乗ったままでも軽い力で開閉します。

大きな取っ手を軽く押すだけで、スムーズな扉の開閉ができます。

図2　バリアフリー対応門扉事例

④ カースペース

車椅子から自動車などへの乗り降りの動作を考えれば、降車側より＋1.0〜1.2m程度の余裕のあるスペースを設置してください。また、雨の日など直接建物玄関まで濡れずに行けるような簡易的屋根設置の配慮も必要になります。

point
＊バリアフリー対策で大切なのは、将来予測される、足腰が弱ったり、車椅子が必要になったりする生活の変化を見据えた計画を取り込むこと。

19 ペット対応プランの特性

　ペットは今では大切なパートナーというか、家族の一員として扱われ始めています。ペットと人が共生していくなかで、人間にとっては何でもない些細なことが、ペットにとってはストレスの要因となったりします。

　室外犬などは繋がれたままで自由に動けるようなスペースがなかったり、コンクリートの土間に囲まれていたり、夏の猛暑、冬の厳寒など気候の変化などからストレスの原因となったり、ひいては皮膚炎、脱毛などの症状が出たりさまざまな病気にかかりやすくなるペットが増えています。ペットの習性や行動を考えて、家族とペットが安心してより親密になれる、ペットにとって居心地の良いガーデン＆エクステリアの空間設計が必要といえます。

1　ペットがリラックスできる空間

　ペット達は天候に関係なく、いつでも遊べて居心地の良い空間があれば、健康でストレスのない日々を送ることができます。そのためには、ペットと人が共生するための動線やゾーニングが大事になり、夏はデッキ周辺に緑陰樹の木陰をつくったり、寒い冬の日は屋根付きのガーデンテラスやサンルームなどを設置したりすると、ペットにとっても家族にとっても快適な場所になります。

　また、多少掘り起こしても構わない土のある場所や、自由に芝生を走り回れるなど、ペットがのびのびと遊びまわれるような庭の計画も必要といえます。

犬や猫にとってサンルームは冬場は陽だまりのある快適な空間となり、飼い主との楽しい時間も持てます。

木陰のできる樹木や、身体を冷やせる石貼の床などがあれば、暑がりの犬も夏場も快適に過ごせます。

図1　ペットがリラックスできるエクステリア事例

2 ペットに便利な設備

ペットが散歩から帰ってきたら、いつでも温かいお湯で足や身体を洗える温水機能付き立水栓やサンルームなどにペットバスを設置すれば玄関を通らなくても部屋に入れますので、宅内の汚れなども気にしなくて済みます。

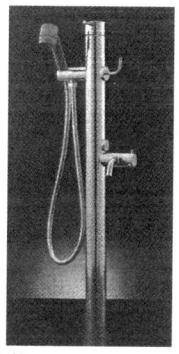

図2 温水機能付き立水栓 (写真提供：INAX エクステリア住彩館)

3 門扉・フェンス

ペットがフェンスを乗り越えたり、門扉の下から出てしまったりするケースに対しての対策も必要です。門扉・フェンスのデザインは前足がかかりにくい縦桟タイプで、扉と土間の隙間は犬の種類にもよりますが、頭が入らない程度で5～8cmくらいが最適です。また、犬は助走してジャンプしたりしますので、フェンス、塀などの前面にジャンプ防止の高さ40～50cmの幅1m前後の低木の植込みが効果的です。

4 有害な植物

動物は本来、本能で有毒な植物を食べることはありませんが、幼いうちは誤って食べたりします。もし誤って食べてしまうと下痢や嘔吐、時には生命にかかわる場合もありますので、幼いうちは充分な注意が必要です。

●有害な植物例（有害な部分）

　アセビ（全株）、エゴノキ（果被）、クリスマスローズ（全草）、スズラン（全草）、シャクナゲ（全草）、スイセン（鱗茎）

point
＊ペットの習性と行動特性を理解し、ペットにとって居心地の良い空間を考え、家族とペットが安心してより親密になれる空間を作ることが大事。

海外のエクステリア②
アメリカ

　アメリカのことを一口で現すには、あまりにも大きく、国内だけでも時差が3時間以上ありますので、これだけの現場写真ですべてを語る訳にはいきませんが、何しろ、敷地、建物の規模が大きいことがあげられます。また、住宅の様式もさまざまなタイプがあり、外観は屋根に変化を持たせ、壁は煉瓦貼、塗壁仕上げなどにデザイン上の工夫がなされているのも特徴の一つといえます。

　エクステリアもオープン、クローズ形態さまざまですが、フロント部分に広いスペースを残し街並みの一環としてゆとりのある空間が確保され、車庫はビルトイン形態がほとんどですっきりした感じでまとまっています。

❖**アメリカ東部**（ワシントン近郊の住宅）
シンメトリーなデザインの建物に、一部に柔らかい曲線の袖壁を持ち、幅の広い階段がゆとりを感じさせてくれています。階段に沿った低木植込みスペースと芝生の曲線も柔らかさの演出に一役かっています。

❖**アメリカ南部**（アトランタ近郊の住宅）
道路勾配に合わせた煉瓦積角柱とアイアン系のフェンスで構成されたクローズ的外構です。車も進入できる幅の広いアプローチの曲線と目通しのきくフェンスが明るく解放的な雰囲気を出していますし、建物より大きな落葉樹の高木が印象的です。

❖**アメリカ西部**（パームスプリング近郊の建売住宅）
敷地面積はさほど広くはありませんが、それでも200坪以上はあるかと思われる現場で、外廻りはまだ工事中です。巨大な木製コンテナに植え込まれたヤシ類などが、植栽工事のために道路に仮置されている状況です。

第3章
エクステリア計画に必要な法的知識

20 建築基準法 簡易カーポート屋根、テラス他

　エクステリア工事においても、ブロック塀、擁壁など、さまざまな構造物を作ったり、メーカー商品を用いたりしますが、今まではどちらかといえば、建築物と比較すると構造上の安全性、品質の確保、各種法令遵守という面では、一部では、はなはだお粗末といわれても仕方がないような工事がまかり通っていたのが現実ともいえます。

　集中豪雨、地震などの災害が多いわが国では、エクステリア工事における各種構造物も法令遵守（コンプライアンス）の視点で、より安全な品質の確保が問われているのは言うまでもありません。

❖ 建築物とは

　建築基準法の目的、主旨は、建築物の敷地、構造、設備及び用途に関する最低の基準を定めることにより、国民の生命、健康及び財産の保護を図ることを目的としています。

　建築基準法としての解釈において、人が作るものはすべて工作物であり、建築物もその一つです。

> **建築物の定義**〔法第2条〕…土地に定着する工作物のうち、屋根及び柱若しくは壁を有するもの、これに附属する門若しくは塀……（以下省略）

　エクステリア工事におけるカーポート屋根、物置（車庫タイプ共）、サンルーム、テラスなども屋根があり、柱または壁があり、形状は建築物といえます。建築物を建てる場合は、建築物の構造、基準などの要件に適合しているかどうかの確認申請が必要となります〔法第6条〕。

❖ 簡易カーポート屋根と建築基準法

　簡易カーポート屋根なども、本来は確認の対象となりますが、現行のメーカーの簡易カーポート屋根は建築確認段階では許可になりませんでした。それは、簡易カーポートが建築物としての構造耐力、屋根などが基準法の構造規定（建築物は自重、積載荷重、積雪、風圧、土圧及び水圧並びに地震、その他の振動、衝撃に対して安全な構造でなければならない。耐火及び準耐火建築物以外の建築物の屋根は不燃材料）基準に合致していなかったからです〔法第20・22条〕。

柱　：構造材として一般的な簡易カーポートの柱として用いられているアルミ柱は不可です
　屋根材：一般的に用いられているアクリル板やポリカボネート板は種類によって準難燃材ですが、不燃材ではありません。
　　　　　不燃材とはコンクリート、煉瓦、瓦、石綿スレート、鉄、アルミ、ガラス、他

　ただし、2002年国土交通省の告示（第410号）により、アルミニウム合金造の建築物等の構造方法に関する安全上必要な技術基準が定められ、アルミニウムが建築材料として認められるようになり、一部のメーカーから「建築基準法適合商品」としての、基準に適合したカーポート商品が発売されています。

❖ 確認申請

　建築物が確認申請内容に沿った形で進められているかどうか、中間時（建物の構造、屋根などの工事が完了した時）と竣工時（完了時）に役所または指定検査機関の検査があります〔法第7条〕。

　建物の確認申請時の内容以外の工事（カーポート屋根、普通ブロックによる土留他）があり、その内容が法的に抵触する場合などは建物の検査が不合格となる場合があります。法的には問題は残りますが、現状を見るとほとんどの現場でメーカー製の簡易カーポート屋根が設置されているのも現実ですので、対応にあたっては、建築物検査との関係や少なくともメーカー施工安全基準に沿った形での施工が最低ラインではと思われます。

　また、特筆すべき部分として最近は一部大手住宅メーカーのなかでは、コンプライアンスという視点から簡易カーポート屋根は外構図面上に折り込まないなど、外構協力業者に対してもコンプライアンスの指導が徹底され始めていますので、今までの簡易カーポート屋根施工が当たり前という考え方に変化が見え始めています。

> **point**
> ＊物置でも土地に固着すると建築物であるし、税法上は不動産となる。「建築物とは」という必要最低限の知識はプロとしては当たり前。

21 建築基準法 ブロック塀の構造

　ブロック積による門柱下地やブロック塀などは、エクステリア工事の基本的構造体ともいえます。建築基準法によるブロック塀は、高さが1.2m以上（6段積）か以下では基礎丈、根入れなども変わります。また、「補強コンクリートブロック造」という鉄筋補強が伴う塀ですので、安全性と法令遵守という面からも確実な施工が必要といえます。

❖ ブロック塀（補強コンクリートブロック造の塀）【令62条8項】

● 条文の要点
① 高さは2.2m以下とする。
② 壁の厚さは15cm以上、高さが2m以下の場合は、10cm以上とする。
③ 壁の頂部及び基礎には横に、壁の端部及び隅角部には縦に、それぞれ径9mm以上の鉄筋を入れる。
④ 壁内には、縦横とも径9mm以上の鉄筋を80cm以下の間隔で入れる。
⑤ 鉄筋の末端にはフックを付ける。ただし、縦筋をその径の40倍以上基礎に定着させた場合、縦筋の末端は基礎の横筋にかぎ掛けする必要はない。
⑥ 高さが1.2mを超える塀は、長さ3.4m以下ごとに控え壁を設け、9mm以上の鉄筋を入れる。また、基礎面からの壁の高さの1/5以上突出させる。
⑦ 高さが1.2m以上の塀の基礎の丈は、35cm以上、根入れの深さは30cm以上とする。ただし、1.2m以下の塀にあたっては、⑥・⑦を除く。

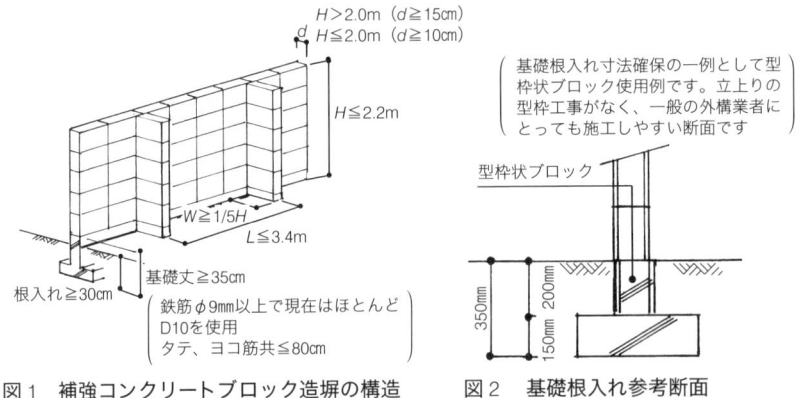

図1　補強コンクリートブロック造塀の構造　　図2　基礎根入れ参考断面

※コンクリートメーカーカタログ等の基礎丈（45cm）、根入れ（40cm）は建築学会基準にて表示しています。

❖ ブロック塀の現状と安全対策

　ブロック塀に関しては、前述の建築基準法〔令62条の8〕で基準が定められていますが、現行の施工状況を見ると、また、ひとたび大規模な地震が発生すればブロック塀の倒壊という危険性をはらんだ現場が多く存在しているのが現状です。この要因としては、ブロック塀が建築物の材料、構造基準としての流れのなかにあり、塀の基礎基準としてはコスト高になったり、基準に沿った基礎施工には型枠工事が必要であったりするので、簡易的なベタ基礎タイプが主流となり、根入れ確保不足から始まり、鉄筋の定着不足など危険性の多いブロック塀施工が横行したからとも考えられます。

　しかし、最近ではブロック塀の安全点検や法令順守に基づく適切な施工指導、耐震工法に基づくブロック塀の基礎鋼管杭打ち工法（STEPブロック塀工法）などが、JABEC（日本建築ブロック・エクステリア工事業協会）により国土交通省から各種行政を巻き込んだ形で推進されています。静岡県ではいち早く防災対策の一環としてブロック塀の安全診断、建て替えによる助成金制度などを設けていますし、全国各地の行政、建築士会などで「ブロック塀安全対策協議会」等の結成から活動の輪が広がっています。コンクリートブロックがエクステリアの基本材料である以上、その施工に際しては今までとは異なる安全、品質という面からの新しい流れが始まっているといえます。

図3　ブロック塀倒壊事例
(写真提供：川上勝弥氏)

図4　基礎鋼管杭打工法
(写真提供：阪上進也氏)

point

＊ブロック積は6段と7段では基礎丈、根入れ、控え壁有無など内容が大きく変わるので、特に7段積以上の基礎断面は確実な施工を心掛ける。

第3章　エクステリア計画に必要な法的知識

22 煉瓦積、石塀、その他フェンス、塀
【建築基準法】

　煉瓦積、石塀とは煉瓦、石などをモルタルを用いて積み上げた構造の塀を指し、鉄筋は入っていない無筋の組積造の塀です。大谷石、御影石の塀などもこれに該当します。

　煉瓦積なども以前は芯ブロックを積んだり、躯体コンクリートの周囲に煉瓦を積むという形が一般的でしたので、壁厚は少なくとも35cm前後はありました。最近は、縦筋が入る形のブリック（組積専用）の煉瓦が主流となり、さまざまな輸入煉瓦も含め一般的に用いられています。

　しかし、縦筋だけで横筋は入りませんので（一部大型サイズの煉瓦は横筋も可能）、基本的にはモルタルで積み上げた形と解釈されます。合法か違法かという視点から見ると行政の見解は違法ということになりますので、1.2m以上積み上げる場合は芯ブロック等何らかの処置が必要といえます。

❖ 煉瓦積、石塀（組積造の塀）【令61条】

●条文の要点●

①高さは1.2m以下とする。
②各部の厚さは、高さの1/10以上とする。
③控え壁は長さ4m以下ごとに、壁厚の1.5倍以上突出した控え壁の設置とする。
④基礎の根入れの深さは20cm以上とする。

❖ その他、塀、フェンス（「前面道路との関係についての建築物の各部分の高さの制限に係る建築物の後退距離の算定の特例」）【令130条の12】

●条文の要点●

　建築物が前面道路からの後退距離緩和規定適用の場合は、門、塀の高さは2m以下とし、高さが1.2mを超える場合は、当該部分が網状、その他これに類するものに限る。

　建築物が後退距離緩和規定の適用を受けているかどうかは、建築図面の配置図などに表記されていますので、プラン作成前にできるだけ建築図面からの情報を大事にしてください。

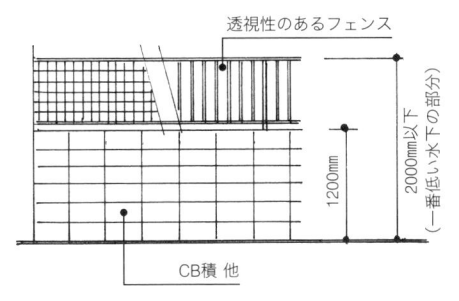

図1　前面道路からの後退距離緩和規定が適用されるフェンスの例

❖ 2mを超える擁壁（工作物に関する規定）【令138条】

　建築基準法では人が造った施設はすべて工作物といい、建築物もこの一種です。建築物としての規定に合致しない工作物でも、煙突、高架水槽他などで一定の規模以上のものは、指定工作物としての役所の申請許可が必要になります。擁壁工事も高さ2mを超えると宅造法規制区域外でも役所の許認可工事となりますので、規制区域外でもかなりの高低差がある場合などは気をつけてください。

❖ ブロック土留

　一般的に用いている建築用空洞ブロックは、元々は建築用材料として作られたもので、土留の材料としては本来認められていません。自治体によっては、多少の緩和策として3〜4段くらいは容認しているケースもありますが、できるだけRC造、CP型枠ブロックによる土留（擁壁）を考えてください。

　なお、日本建築学会、壁構造関係設計基準では、2段積（40cm）のオール充填他の構造に配慮した形での土被り（盛土）については認めています。どちらかといえば、コスト的な部分もあり、安易に15cm厚の普通ブロックで5〜6段以上も積んでいるケースもよく見かけますが、安全性はもちろん場合によっては、建物の完了検査等にも影響してきます。

　「どこでもやっている」「今までそんなに崩れていない」などという考え方ではなく、地震、災害等にも安心できる施工を心掛けてください。

> **point**
> ＊煉瓦積門柱も一般的には高さ1.4mくらいにはなる。普通ブロックでの土留もよく見受けられるが、法的にも安全面からも慎重な対応が望まれる。

23 中心後退道路に隣接する塀、門及び地区計画
都市計画法

　都市計画法の目的及び主旨は、都市計画の内容及びその手続き、都市計画制限、事業その他都市計画に必要な事項を定めることにより、都市の健全な発展と秩序ある整備を図ることを目的としています。

　都市計画区域とは、都市の健全な発展と秩序ある整備を図るための土地利用、都市施設の整備などを目的に一体の都市として総合的に整備開発保全する地域として都道府県知事が指定し、市街化区域及び市街化調整区域に分けられます。

　地方ではたまに都市計画区域外でのエクステリア工事もありますが、一般的には区域内の工事になりますので、良好な都市環境の秩序ある整備のためにも、自分の宅地という視点だけではなく、街並みにもつながる都市計画の一端としての考え方が大事になります。

❖ **中心後退道路に隣接する塀、門などの構造物【建基法42条】**

　都市計画区域内においては、道路とは原則として幅員が4m以上のものをいいます。既存の道路が4m未満のものについては、中心後退線が発生し、後退線部は将来の道路の拡幅等も踏まえ、門柱、ブロック、塀などの構造物をつくることはできません。言い換えれば、道路部分になるところですので、敷地面積にも含まれないし、自分の土地であっても制限されるということです。建替などで既存の塀が残っていれば別なのですが、新たに塀などの構造物をつくる場合、道路中心後退した位置での施工を心がけてください。

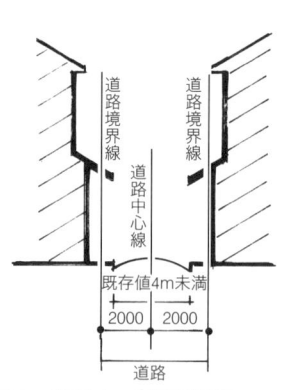

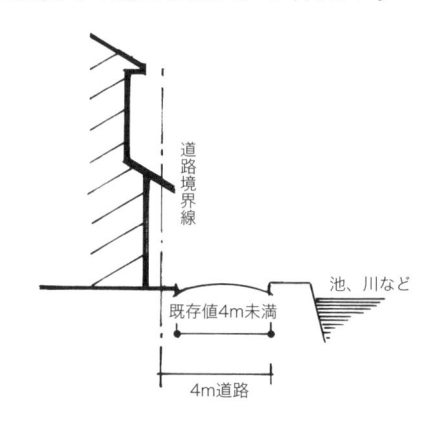

図1　幅員4m未満の道路

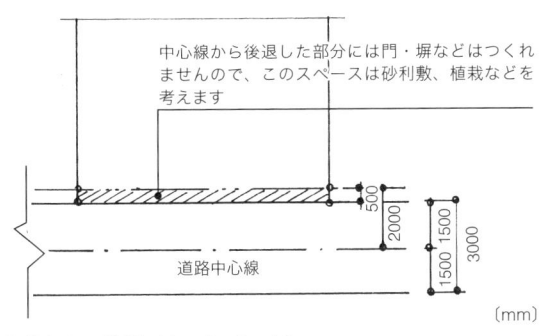

図2 道路中心線からの後退（セットバック）

❖ 地区計画

　地区計画は都市単位の広い地域を対象とする都市計画法と、建築基準法による規制の間を埋め、地区の特性に合ったきめ細かな街づくりを行う目的で、1980年に創設されました。区域の良好な住環境の整備、保全が目的ですので、建築物からエクステリア工事まで関連しています。特に接道部分などのエクステリア計画に際しては、施工現場の地区計画等に充分配慮した形での計画が必要といえ、具体的な内容としては、接道部分の緑地帯の確保、門・塀・フェンスなど構造物の位置、高さの制限などがあげられますが、建築場所の地区により異ったりしますので、注意してください。

道路から1m以上離して設けるものは特に制限ありません。

道路から0.6m以上1m未満の距離に設けるものは生垣または透悦性のあるフェンスにしなければなりません。

図3 エクステリア関連地区計画の具体的事例

> **point**
> ＊地区計画内容等に関しては、分譲地などの宅地ガイドや地区計画の手引きなどを確認すると共に、現地調査時の周辺のエクステリアのチェックが大事。

24 宅地造成等規制法
宅地造成及び擁壁

　第2章の「高低差対応プランの特性」という部分で少し述べましたが、宅地と宅地、宅地と道路には高低差のある場合が多数見受けられます。それも高さが1mを超えると「宅地造成等規制法」に抵触する場合もあるということを説明しました。

　日本の国土面積の約85％は山林であるということからも急傾斜地や丘陵地が多く存在し、その周辺及び新しく宅地造成されたところはかなりの高低差が生じる訳です。安易な擁壁（土留・背面の土を支えるための壁）の施工による集中豪雨などの災害時に崖崩れなどを防ぐためにも、法令に準じた慎重な対応が求められます。

❖ 宅地造成等規制法（宅造法）

　この法律は、宅地造成に伴う崖崩れ、または土砂の流出に伴う災害防止のためにつくられています。宅造法が施行される前の宅地造成に関する規制は、擁壁の設置が2mを超える場合に建築基準法の対象となっていました。これに対し、宅造法は建築行為の有無にかかわらず、宅地造成全般を対象に土質に応じた擁壁や排水設備の設置など技術的基準を明確にし、安全な宅地造成と災害に強い街づくりを目的としています。

　この場合の崖とは、地表面に対して30°を超える土の斜面を生じる部分で、準硬岩盤質（風化の著しいものは除く）以外のものをいいます。30°の角度とは、これ以上斜面の土が崩れないという角度で「安息角」とも表現されています。

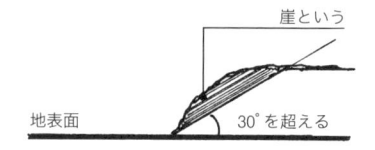

図1　崖

❖ 宅地造成とは

　宅地造成とは、土地の形質の変更で宅地以外の土地（畑、山林、農地他）を宅地にする一次造成と造成工事が完了した後の宅地内でおこなう二次造成とに分けられ、通常、エクステリア土木の分野では、宅地内にておこなう二次造成がほとんどです。

❖ 土地の形質の変更とは

　宅地造成工事規制区域内と区域外に分けられ、規制区域内でおこなう土地の形質の変更が以下の場合は役所の許認可工事となります。

①高さ2mを超える崖を生じる切土　②高さ1mを超える崖を生じる盛土

③切土、盛土を合わせて2mを超える崖を生じるもの

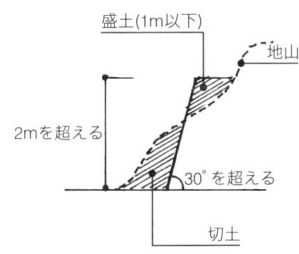

④切土、盛土の面積が500m²を超えるもの

❖ 擁壁

　切土とは整地のために元の地盤を切り取ることで、盛土とは整地のために元の地盤に盛り土することをいいます。切土、盛土の背面の土を支えるための壁のことを擁壁（土留）といい、擁壁に作用する土圧、載荷重などにより、「滑動」「沈下」「転倒」しない安定した構造が求められる訳です。

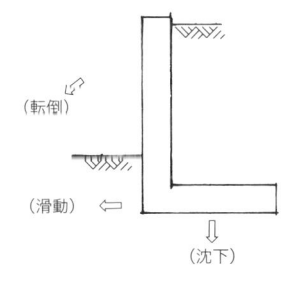

図2　擁壁の安定

point
＊高さが1mを超える擁壁工事が想定される場合は、まず規制区域内または区域外の確認をおこない、宅造法に準じた計画を進めるのが基本。

25 宅地造成等規制法 宅造法における擁壁構造概要

❖ 擁壁の構造概要

①擁壁の高さは、練石積造の場合は地上高5.0m以下とし、鉄筋コンクリート造（RC造）擁壁は、地形上やむを得ない場合を除き、地上高5.0m以下とします。高さが5.0mを超える場合は、指定学科卒業後、土木建築実務経験年数などの有資格者（施行令第17条による）による設計が必要になります。

②擁壁の根入れの深さは、地上高（見かけ高さ）の0.15～0.2Hかつ35～45cm以上が必要です。

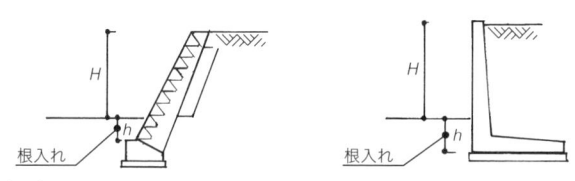

図1 擁壁の根入れ深さ

③伸縮目地は、擁壁1スパンの最大長さはRC造擁壁で10～15m、重力式、練石積等で10.0mを目安とします。また、これ以外に床版高さ、擁壁のタイプが変わる場所、擁壁が屈曲している場合など、コーナーから2m以上離しての目地が必要です。伸縮目地は必ず底版まで切断し、目地材は厚さ1.0cm以上必要です。

④水抜き穴

・水抜き穴は内径75mm以上の硬質塩化ビニールパイプ（VP）、その他これに類するものを用い、3m^2に1ヶ所以上を千鳥状に配置します。

・最下段に設ける水抜き穴は地表面より10cm以内とします。

・水抜き穴の裏側には目詰まりや土砂の流出を防ぐため、粗めの割栗石等を配置します。

⑤裏込材

擁壁の背面には裏込の排水を良くするために、裏込材を設置します。RC造の場合、裏込材の厚みは30cm等厚、練石積の場合は切土部で30cm等厚、盛土部では最下段では60cm以上かつ地上高の20％が必要です。

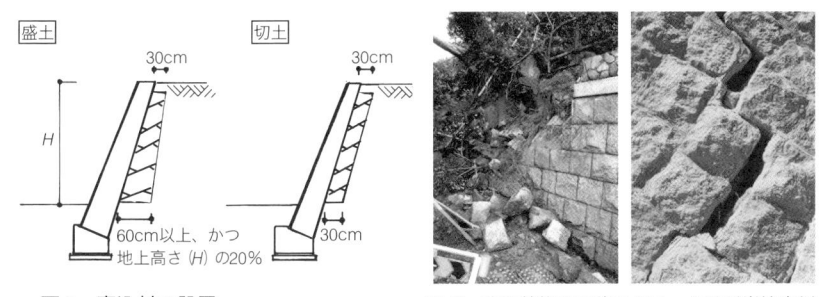

図2　裏込材の設置

図3　法以前施工石積のクラック及び崩壊事例
（阪神淡路震災時）（写真提供：鍵野洋子氏）

⑥上部に斜面〔法面〕を残す場合の構造は、上部の斜面まで考慮した構造計算が必要になりますので注意してください。

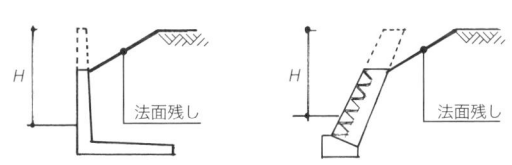

図4　上部に斜面がある場合の擁壁の構造

⑦既存擁壁のやり替え、二段擁壁、階段造設に伴う土留工事、既存の崖面の補強工事など、許可の有無から構造内容等についても所轄官庁と協議のうえ、工事計画から構造決定に至るまで慎重な対応が望まれます。

❖ **申請手続き、他留意点**

　宅造法の申請及び工事のフロー（流れ）は、許可申請書提出から許可通知書が出て工事が着工でき、床掘検査、配筋検査などを経て、完了後、検査を受けて検査が合格し、初めて宅地としての安全性が認められる訳です。

　宅地みたいに外見は見えていても検査済証がない限り、宅地としては認められていないということで、建築確認申請などにも重大な影響を及ぼす場合がありますので、宅造法に基づいた確実な施工が必要になるということです。

point

＊宅造法の構造概要等の内容及び取り扱いは自治体により微妙に異なる場合もあるので、必要に応じ担当部署と事前に確認のうえ進める。

26 その他関連法律 【風致地区条例他】

❖ 風致地区条例

　風致地区とは、都市の風致を維持するために都市計画によって定められた地区のことで、風致とは樹林地、水辺地などで構成された良好な自然景観をいいます。これら自然景観は生活に潤いを与え、緑豊かな住環境を作り出しますが、建築等に一定の規制をしないと良好な環境が破壊される恐れがあり、それを防止するための法律です。

　エクステリアに関する部分としては、RC車庫、門、塀などの後退距離や、植栽に関する緑地率が主なものです。ただし、条例レベルですので、他の自治体では内容が異なる場合もありますので、必ず施工地域の条例内容を確認のうえの対応が必要となります。建築確認申請時に、風致地区条例としての要件（後退距離、緑地率他）をクリアする内容にて確認申請が受理されていますので、その内容をエクステリア工事の段階で無視したり、違う内容の施工をすれば、建物本体の検査にも影響してきますので注意してください。

❖ 歩道占有及び乗入施設設置工事【道路法第24条】

　カースペースの前に歩道やL型側溝などがある場合に車輌乗入れのために切り下げたりする工事は、役所の許可が必要となります。本来、歩道や側溝は官の部分ですので、他人地に工事をしたりするのは当然のことながら勝手にすることはできません。乗入れ幅、構造断面などは地域によっても多少異なりますので、所轄の土木事務所にて内容等を確認のうえ、役所の許可を取った正規の工事によって進めてください。

❖ 架台等の指導基準【建築基準法第6条による指導基準】

　架台、その他これに類するものとは、柱または壁及び床版により構成される工作物で、その床版の上部を駐車、その他の利用に関するものをいいます。高さが2mを超える架台等を築造しようとする場合においては、「架台等築造計画書」を工事着手前に提出し、構造の安全、その他の事項についての審査を受けることが必要です。安易な架台工事は不適格擁壁と位置付けられますし、もともとあった擁壁に余分な荷重がかかったりするなどの安全性が問われますので充分注意してください。

※行政指導レベルですので、各自治体により異なる場合がありますので、事前確認が必要です。

間知石天端にRC擁壁及びスラブ（床面）を張り出していて、間知石に相当の荷重がかかっていると想定される。

境界線までの土地利用のため、間知ブロックの途中から上部のスラブを支える壁を設置してあるが、構造的チェックは疑問。

既存の間知石上部にそれよりも高い崩れ石積が施工されているが、見た目にもあまりバランスが良いとは言えない。

図1　不適格擁壁の事例

❖ 廃棄物処理法

　この法律は廃棄物の排出の抑制、適正な処理及び生活環境を清潔にすることにより、生活環境の保全及び公衆衛生の向上を図ることを目的としています。建設現場からはさまざまな廃棄物が出て、コンクリート片、煉瓦・タイル破片などの建設廃材等の産業廃棄物の処理責任は、事業により廃棄物を発生させた排出業者、一般的には元請施工業者となります。単に下請業者、職方にまかせるのではなく、元請業者としての管理責任をもって対応をしてください。

> **point**
> ＊既存擁壁に継ぎ足し、ハネ出したりする架台等の不適格擁壁は見た目にもあまり良くないし、何より安全性に問題があるので極力避ける。

第3章　エクステリア計画に必要な法的知識

27 【民法】隣地側との取り合い関連

　民法は私法の一種で、市民生活における人と人との相互の関係（権利、義務）を定める法律であり、公法とは異なり、基本的には私法上のトラブルについては、行政庁は介入せずに裁判、調停などで争うことになります。

　エクステリア工事は特に隣地との境界線上を中心に進めていくことが多いので、特に工事により隣地側とのトラブルの要因にならないように、民法において関連する部分について理解が必要といえます。

❖ **境界標の設置【第223条】、境界標の設置及び保存の費用【第224条】**

　境界に設置する標石、塀は、隣人と協力してつくることができるが、費用は半分ずつ負担する。ただし、測量の費用は、その土地の広狭に応じて分担する。

> **対策**　隣地境界との中心に、塀などを設ける場合の工事の費用を折半できるということです。一般的には、隣地との高低差がない場合ですが、高低差の解消のための擁壁工事費用を双方が負担すべきとした判例（1976年東京高裁）などもありますので注意してください。

❖ **隣地の使用請求【第209条】**

　土地の所有者は、隣地との境界付近において障壁または建物などの築造、修繕のために必要な範囲で隣地の使用を請求することができる。

> **対策**　工事中は隣地側に入らせてもらうことができるということですが、工事施工者としてではなく、土地の所有者からの申し出が必要となります。

❖ **自然水流に対する妨害の禁止【第214条】**

　土地の所有者は、隣の土地から自然に水が流れてくるのを妨げることができない。

> **対策**　当たり前のことですが、天からの水、雨水は斜面の高いところから低いところに自然と水が流れ、これを妨げてはならないという意味です。

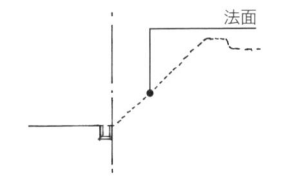

隣の土地から自然に水が流れてくるのは妨げることができない。いいかえれば、自分の宅地のなかの側溝で水を受ける場合もあるということです。

法面

図1　法面状態での雨水の流れ

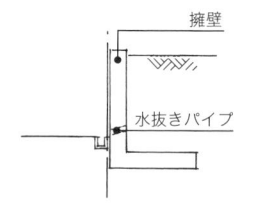

もともと法面であったのを擁壁等で土留をして、その水抜きパイプから出てくる水は自然に水が流れてくるのとは異なりますので、場合によっては、隣地側の承諾が必要な場合があります（分譲地の宅地ガイド、パンフレットなど確認したうえで進めてください）。

図2　擁壁水抜きパイプからの排水

❖ 竹木の枝の切除及び根の切取り【第233条】

隣地の竹木の根が境界を越えた時、これを切り取ることができる。また、枝が境界線を越えた時は、所有者に対してその枝を切らせることができる。

対策　筍（竹の根の一部）は、勝手に？切り取ることができますが、隣から伸びた柿の枝の実は勝手に？切れないので、隣人に申し入れして切って貰うという解釈をしてください。

❖ 境界線付近の建築の制限【第234条】

建物を築造するには、境界線より50cm以上の距離を保たなければならない。

対策　建物外壁に接続するエクステリアのテラス（簡易屋根）工事も柱、屋根があり土地に固着していますので、形状的には建築物です。隣地境界までの施工ケースで隣人とのトラブルが最近は増えてきていますので、できるだけ隣地境界から50cmは離しての施工を考えてください。

❖ 境界線付近の掘削に関する注意義務【第238条】

境界付近に穴（井戸、池等）を掘る場合は、必要な距離を取り、土砂が崩れたり水が染み出したりするのを防ぐために必要な注意を払わなければならない。

対策　池などを作る場合は、隣地からの必要な距離（池の場合1m）を取ると同時に、漏水のないような施工品質が望まれます。

> **point**
> ＊民法上の内容はお互いの権利関係をうたっている。当然という形ではなく、お互い様という気持ちで計画・工事に望む姿勢が良好な近隣関係の第一歩。

海外のエクステリア③
オーストラリア

　オーストラリアはオーストラリア煉瓦の国として知られているように、煉瓦を使った建物やジャラ材などによる木造建築が多く見受けられます。建物様式は敷地の広さもあると思いますが、平屋建ての建物がわりと多く見られ、屋根材も明るい色の洋瓦等を中心に全体として解放的なデザインが特徴的と思われます。

　エクステリア全体も、クローズ外構でも塀の高さを比較的低く抑えて開放感を演出したり、草花などの植物を効果的に使って四季の彩りを表現したりして、街並みとの調和を考えています。

❖シドニー近郊の住宅

建物の外壁と同素材の煉瓦や、白く塗られた壁面をエクステリア部分にもうまくつなげています。煉瓦角柱の白く塗られたやや厚めの笠木と白色のデザインフェンスが建物との一体感をより強調していると思われます。

高さを意図的に低く抑えられた白塗りの塀は、角柱部分を途中に効果的に組み込むことにより、変化のあるデザインとなっています。その塀の高さより、はるかに高く設定された装飾性のある白の門扉が、日本の感覚でみると多少違和感を感じますが…。

建物は道路より少し低い位置のためか、道路面からの目隠しとして竹垣？みたいなものが石塀の後ろに設定されています。塀の一部は、もともと残っていた大きな岩石を取り込んだ形で施工されていたのが印象的でした。

第4章
ゾーニングからプラン作成

28 ゾーニング

　建築の間取りを大まかに決めていくと同じように、エクステリア空間も建築の配置を中心として、第1章（p.20〜21）で説明した設計上の与条件（敷地にかかわる外的条件、建築主側条件）に配慮しながら動線、視線を考え、スペース（門廻り、カースペース、ヤードスペース、庭他）の配分をしていくことがゾーニングです。

❖ ゾーニングの進め方

　敷地の広さにもよりますが、一般的には建築主の要望や機能性をすべて満たそうとすると、さまざまな部分で無理が出てくることがあります。そこで、ゾーニングを始める前に、与えられた条件（要望）を整理し、優先順位を見極め、全体のバランスをみてコーディネート（各部を調整し、全体をまとめる）することが大事になります。

　ゾーニングとラフプランは本来異なるものですが、限られた敷地でのことですので、大まかなゾーンの配分のみでなく、多少、ラフプランの要素を盛り込んだ形でのゾーニングがより具体的で正確な方向性、優先順位を導いてくれるともいえます。

① ゾーニングはスペースの争奪戦

　建築主の要望をすべて満たそうと思えばもっと広いスペースが必要になりますし、与えられた敷地のなかで考えるとしたら、さながらスペースの陣取り合戦ともいえます。そのためには、建築主の要望のなかで、抽象的なもの（庭は広く取りたい、アプローチはゆったりと他）をできるだけ具体的に形、数字に変えていくことが大事となります。

　車の種類や台数、自転車などは具体的に何台分必要かということがわかることにより具体的なスペースが設定されてきます。階段、アプローチの幅や段数などもゾーニングから多少踏み込んで縮尺（スケール）の精度の高いラフプランを同時進行することにより、より具体的な寸法などの数字が見えてきます。そこで初めて建築主の思っている抽象的な部分が具体的な幅として共有化できるということです。

② 優先順位をはっきりさせる

　限られた敷地のなかでは、なかなかすべてを満足させることは困難です。

最近の車の保有台数から見ても、よほど敷地に余裕がある場合はともかく、通常の宅地ではカースペースが大きな面積を取ります。車の出し入れから来客用の車のスペースなどトータルに判断して、庭、門廻りなどのスペースを決めていきますので、ゾーニングの違いによるメリット、デメリット及びできること、できないことを整理して説明しながら優先順位の決定の方向付けが必要になります。

最終的には建築主の判断に委ねる場合もありますが、全体をみながらのプロとしての適切なアドバイスが望まれます。

3 動線と視線に対する配慮

ゾーニングのなかで次のプランにつながるための動線、視線、見せたいもの、見せたくないものなどを整理していくことも大事です。アプローチから庭への動線、建物から庭への動線などを整理していくことにより、ラフプランの方向性ができていきます。

そのなかでアプローチから建物側に対する視線カットの方法やヤードスペースの位置、隣地側に対する見せたくないものへの対処方法などを詰めていくことがラフプランにつながってくる部分といえます。

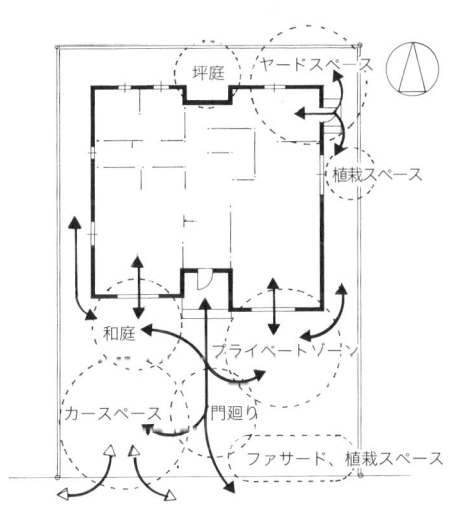

図1　各ゾーンと人及び車の動線

> **point**
> ＊ゾーニングは限られたなかでのスペースの争奪戦なので、設計上の与条件をベースに建築主の優先順位をはっきりさせることが決め手。

第4章　ゾーニングからプラン作成

29 一般的なゾーニングの手順

一般的なゾーニングの手順は下記の流れで進めていきます。

カースペース ⇒ 門廻り ⇒ 階段アプローチ ⇒ プライベートゾーン メインガーデン ⇒ ヤードゾーン 坪庭・裏庭

＊南側接道宅地のリビング前スペースの使い方により、カースペースとプライベートゾーンが同時進行の場合もあります。

図1　ゾーニングの手順

1 カースペース

一般的には、ほとんどの建築主が1～2台以上、場合によっては3台以上のスペースを必要とされます。狭小地や北側接道などの場合は、建物プラン時にカースペースが固定されている建築プランの場合もありますが、カースペースが広い面積を占有することなどから、このスペースの確保が最初といえます。

特に、南側接道（南入り玄関）の場合は、メインガーデンとも重なりますので、南に面するLDK、和室などの前の空間の使い方にも配慮した位置決定

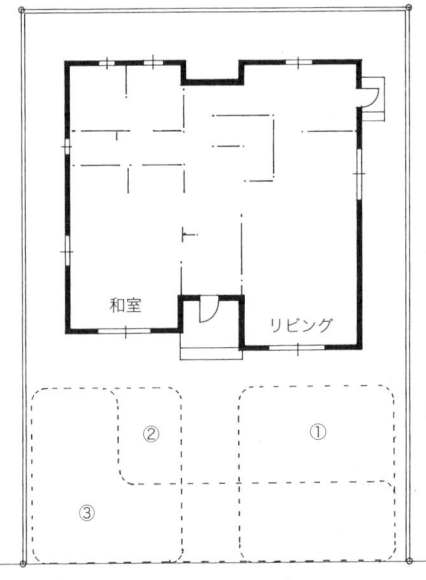

①リビング前は極端に狭くなるが、和室前は広い空間が残るので、和風の庭などは充実できます、カースペースの扉は設置しやすいプランですので、クローズ、オープン外構に対応できます。

②リビング前に広い空間が残せますので、アウトリビングなど楽しむスペースとしての活用もできます。和室前は狭くはなっていますが、最低1～1.2mくらいあれば和の空間演出は充分可能といえます。

③直角と縦列駐車の併用タイプですが、リビング前にも一定のスペースが確保できます。カースペースの扉の設置には難がありますが、基本的にはオープン外構のスタイルといえます。また、リビング前に直角駐車する反転プランもあります。

図2　車2台のカースペースのゾーニング事例

が必要となります。また、宅地との高低差があり、道路勾配がきつい場合などは、土工事の掘削量もかなり違いますので、コスト対応という面からの方向付けが出る場合もあります。

② 門廻り

門廻りには門柱、門扉、表札、ポスト、インターホンなどの機能的な部分が配置され、そのお宅の顔ともなる部分ですので、ゆとりのある空間が望まれます。特に高低差がある場合、階段をどこで取るか、門の位置をどこにするかなども含めて、ゆとりを持たせたスペースの確保が必要といえます。また、カースペースからの動線も配慮すれば、できればカースペースに隣接する部分に門廻りがあればより機能的ともいえます。

③ 階段・アプローチ

門廻りから建物玄関ポーチまでの通路を一般的に「アプローチ」と表現しています。短い距離をいかに長く見せるか、また、長い距離をいかに短く感じさせるなかなどのさまざまな工夫が必要といえます。単に、門廻りと玄関を直線に結ぶのではなく、S字型、クランク（直角に曲げる）やシークエンス（場面の展開）などが効果的といえます。

④ プライベートゾーン（メインガーデン）

南側に面した空間で、一般的には庭といわれるスペースです。建築主のライフスタイル、テイストに合わせたウッドデッキ、テラスなど外部生活空間として庭の提案が望まれるところです。デッキ、テラスなどは用途により広さも異なりますので、できれば大勢で使いたいのか、家族だけのスペースなのかを絞り込んでいく方が全体のなかでの効果的なスペース配分につながります。

⑤ ヤードゾーン・坪庭

ヤードゾーンは建築主のニーズに合わせ、勝手口近辺からの動線を考えての物置、物干し、ゴミの出し入れなどを含め、動きやすいゆとりのあるスペースが欲しいところです。建物プランで坪庭、中庭等を取り込んだスペースがあれば、積極的に提案していきたいものです。

> **point**
> *ゾーニングの決め手は、面積を一番取るカースペースなので、残された空間をどう使いたいかなどを確実に把握することが重要。

30 南側接道（南入り玄関）のゾーニング

　道路が南側にある場合は、建築物は北側斜線をクリアする位置くらいまでは北側によせて配置されるのが一般的です。建物の間取りも北側に浴室、洗面、台所などの水廻りが配され、南側を和室、リビングなどの生活空間とするため、南側に広いスペースが残り、ゾーニングも比較的やりやすいといえます。しかし、カースペース、門廻り、アプローチ、メインガーデン（主庭）のすべてを納めなくてはならないのと、和室、リビングからの庭の位置付けなどに配慮しながら、効率の良い機能的なゾーニングが必要となります。最近は和室がない間取り等も見かけられます。その場合は庭を一体の空間として処理できますので、対応はやりやすいです。

　また、道路に勾配がある場合などは、カースペースの掘削土量も位置によって大きく変動しますので、コスト対応という視点も念頭におく必要が出てきます。

❖ ゾーニング事例(1)

> 玄関の位置が東か西のどちらかにある場合で、和室とリビングが隣接しているケース

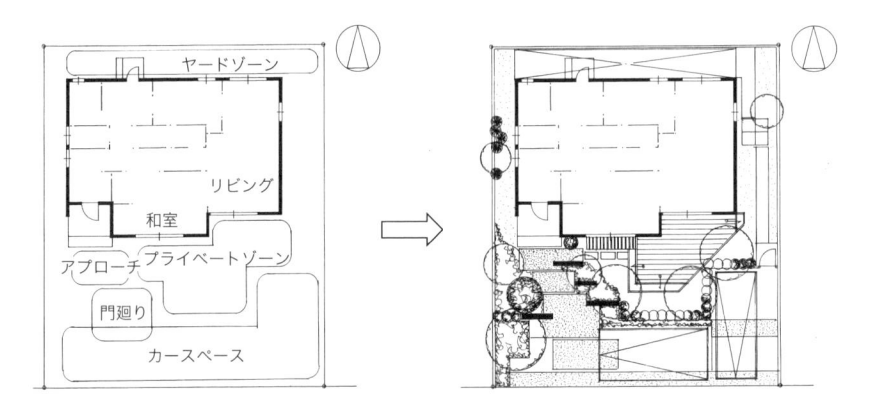

コメント　車2台を直角、縦列駐車にすることにより、和室、リビングからのメインガーデンのスペースを確保しています。和室、リビングという異なる雰囲気の部屋から見える庭の空間に一体感を感じさせる工夫が必要となります。アプローチ廻りをもう少しスペースを絞り込むことにより、和室前の空間はさらに

広がるゾーニングといえますが、和室及び庭側に対しての視線カットが必要となります。2台を直角に配した場合は、玄関及び和室前かリビング前が多少窮屈なスペースになると思われます。また、必然的にオープン外構になりますので土間のデザインに配慮が必要です。

❖ ゾーニング事例(2)

> 玄関の位置が建物の中心近辺にあり、和室とリビングが完全にセパレートされているケース

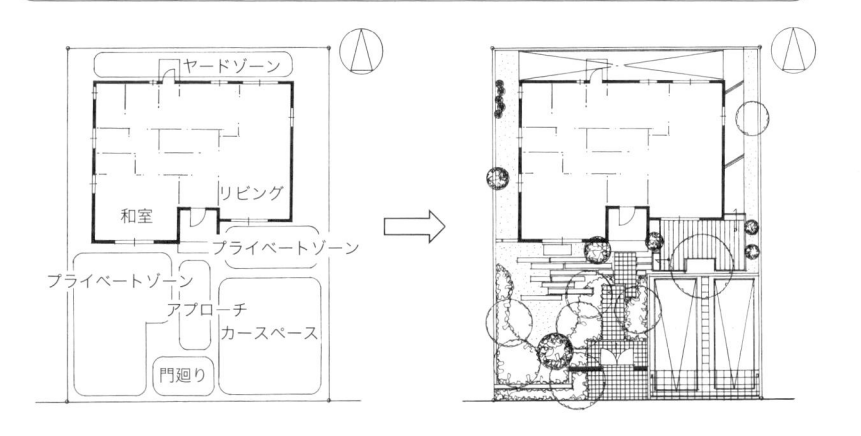

コメント　玄関位置の関係上、南面のスペースがアプローチにより分断されてしまいますので、駐車スペースの位置をどうするかによって庭の位置付けが大きく変わってきます。和室前を広く取るのか、リビング前をどう使いたいのか、建築主の要望によっては車の位置が反転する場合も出てきます。こういう直角駐車で2台の場合、車の出入りはどの方向にも可能ですし、出し入れも楽になりますので、カースペースも含めたクローズ外構には対応しやすいゾーニングといえます。

point
＊南側接道の場合はゾーニングの選択肢は拡がるが、アプローチが庭を分断することもあるのあるので、建物開口部、庭などへの視線カットは必要。

31 北側接道（北入り玄関）のゾーニング

　道路が敷地の北側にある場合は、建築物の南側にメインガーデンとしての広いスペースを設けることができます。建築プラン段階でカースペースが決まっていることも多く、残りのスペースで門廻り、階段・アプローチを設けますが、比較的狭いため、デザイン上の工夫も必要となる場合が多いといえます。特に高低差がある場合は、建築基礎を当初から深基礎としての計画が必要であったり、玄関ポーチまでの階段の取り方にも余裕がない場合も出てきますので、細かい配慮が必要になります。

　また、北側部分に浴室、台所、洗面所などの水廻りが多いため、給排水、ガスなどの地下埋設物及び雨水桝、汚水桝などに留意したプランが必要です。

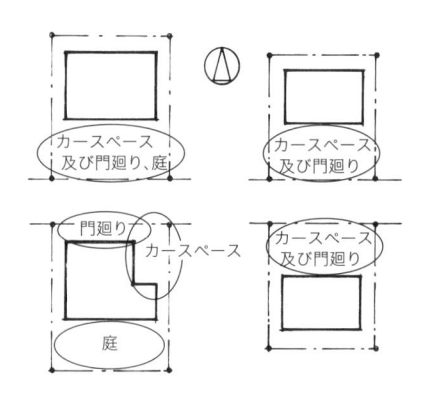

　最近は狭小地などの場合、北側、南側接道にあまり関係なく、前面部分が2〜3台分のカースペースで占有されるため、道路を挟んで全く同じ様な寸法で建物の配置がなされているケースも良く見かけられます。よくよく見れば、掃き出し窓になっていたり、浴室、洗面などの水廻りから接道方位を判別する場合もあります。

図1　北側・南側接道のゾーニング

❖ ゾーニング事例

建築プラン時に2台の駐車スペースが直角駐車で計画されているケース

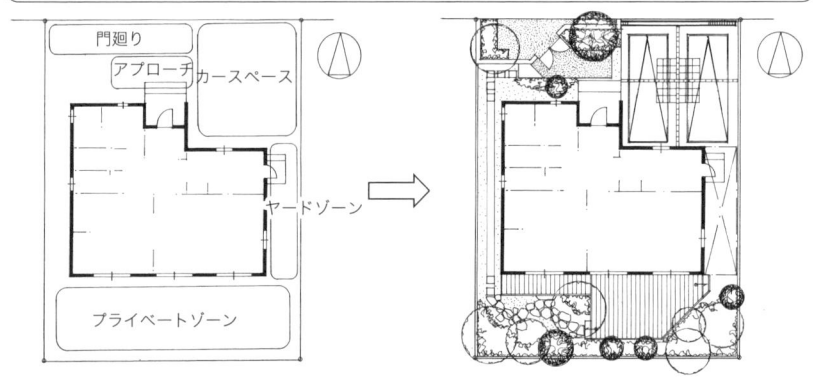

コメント こういうケースは建築プラン時にカースペースを含めたゾーニングがほぼできている状態でのエクステリア計画といえます。クローズ、オープン外構どちらにも対応しやすい形になっていますので、門廻りの位置、アプローチの方向性がポイントといえます。玄関ポーチにストレートに向かっていくのではなく、多少角度を持たせてやることにより、ゆとりのある門廻りのスペースとなります。北側接道はいわゆる狭小地対応プラン特性と共通してきますので、場合によっては、玄関ポーチの形状、ステップの位置などアプローチの方向性に準じて考えてみることも必要になります。

❖ 玄関ポーチの形状とステップの方向性

通常の玄関ポーチステップの方向では、門扉はおろか階段さえ取りにくい場合などがあります。建物と道路との空き寸法があまりない場合は、アプローチの方向性に配慮されたポーチステップの位置及び玄関扉の開き方向の決定が望まれます（点線のステップ方向性がよりスムーズな動線とゆとりのある門廻りにつながります）。

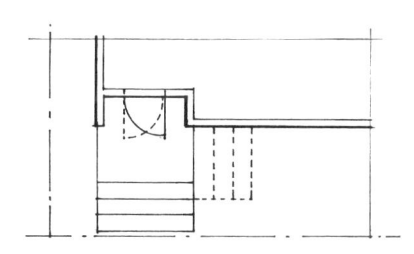

図2　ポーチステップの方向の工夫

玄関ポーチを矩形（長方形）にこだわらずに考えてみることにより、デザイン上の変化や玄関ポーチに対して視線カットの植栽なども可能となります。特に建物と道路との空き寸法がない場合は、建築プランとエクステリアプラン双方向の考え方が重要といえます。

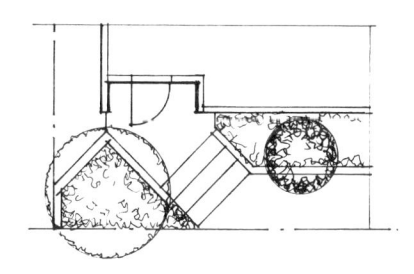

図3　玄関ポーチの形状の工夫

point
＊北側接道の場合はゾーニングは固定されがちだが、門廻りの位置、アプローチなどは建物配置、ポーチ部分との取り合いを含めての検討が大事。

32 東西入り玄関のゾーニング

　道路が敷地の東、あるいは西にある（または、玄関が東あるいは西入り）場合は、敷地のスペースにもよりますが、さまざまなゾーニングが考えられます。

　当初からカースペースを建築プラン時に設定している場合もありますが、南面の庭のスペースの考え方次第では、かなりフレキシブルなプランにつながる可能性も含んでいます。

　南側道路で東、西入り玄関の場合などは、カースペースとアプローチが共有する場合が多く、建物配置寸法にあまり余裕がない場合などは、メインアプローチの方向性を感じさせるような土間デザイン、仕上げの工夫が特に大事といえます。

　また、隣地側とカースペース、アプローチ部分の接する距離が長くなる場合もありますので、単調になりがちな塀、フェンスなどはトレリスに蔓性植物をからませたり、塀の仕上げ等に工夫するなどのデザイン処理が必要になります。

❖ ゾーニング事例①

> メインガーデンに広いスペースを残すために2台の車を直角駐車し、カースペースとアプローチを共有するケース

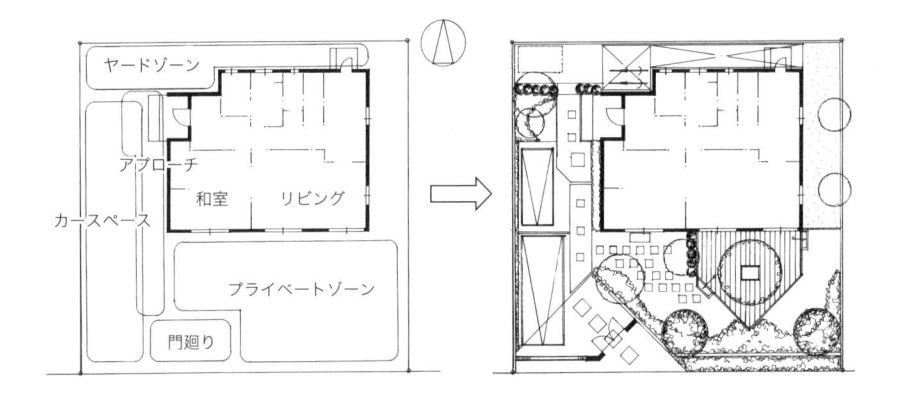

コメント　和室、リビング前に広いスペースの庭を残すことができる反面、カースペースとアプローチが共有されたスペースとなります。門廻りの方向性は多少

庭のスペースにくい込んでも角度を持たせた方が門廻りにゆとりが生まれますし、アプローチの方向性にも変化をつけてくれます。

メインアプローチとなる部分は車と共有スペースであっても、仕上げを変えるとか、平板などで方向性を感じさせるなどのそれなりの仕上げとデザイン性が望まれます。

❖ ゾーニング事例②

> 独立した門廻りとアプローチが持てるように、カースペースを直角、縦列の組み合わせとしているケース

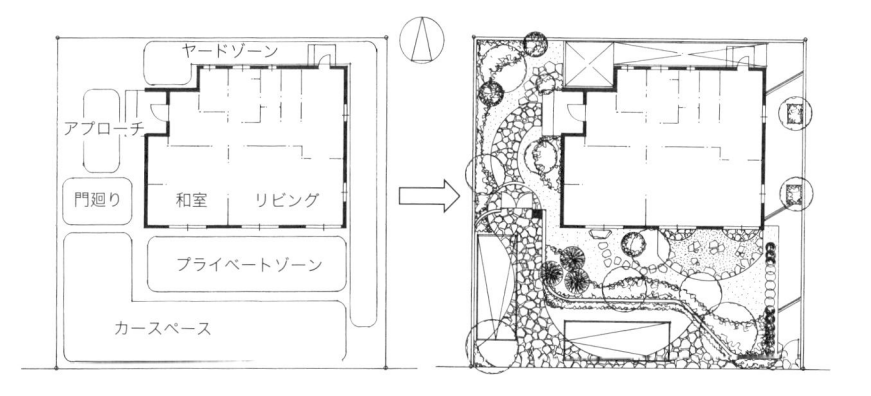

コメント 庭の部分は多少狭くはなりますが、カースペースの奥にある独立した門廻りとアプローチの空間構成ができます。カースペースから門廻りまでつながる土間のデザイン、仕上げが必要になりますが、車がない時でもそれなりの雰囲気を醸し出す効果を持っています。

カースペース以外はクローズ外構的処理になりますので、必要に応じ建物勝手口までの動線と通用口なども必要になったりします。

point

＊カースペースとアプローチを共有させる場合はメインアプローチとしての方向性、仕上げと隣地側に対する単調さを解消する等のデザイン性が必要。

33 プラン作成時における立面計画の重要性

　エクステリアプランがコンクリート製品、煉瓦、石、木材、金属、植物などのさまざまな材料を用いた「土間」と「壁」のデザインであるということは前章にて少し説明しました。

　最近は、建築に限らずエクステリア設計にも CAD での作図が主流となりつつありますが、手描きと CAD ではラフプランからプラン作成という流れが微妙に異なっているのは言うまでもありません。最近、建築の方と話をしていても、手描き（フリーハンド）で描けない人が多く、エスキス（下絵、下書）やラフプランのスキルがなかなか身に付けられないということを良く聞きます。

　デザインをしていく過程のなかで、平面から立面、立体への展開は非常に重要で、その中から創造性のある造形（形）ができてくるのは言うまでもありません。エクステリアプランが「土間」と「壁」のデザインである以上、「壁」の持つ高さ、幅のバランス感が全体イメージ、空間構成に大きく影響してくるのにもかかわらず、平面計画のみを先行させて、結果的には「壁」のバランス感の悪いプランが多く見受けられます。「壁」のバランス感を判断するためには、平面と並行した立面計画が重要になる理由がそこにあるといえます。

❖ エクステリアプランの基本的フロー

　プラン作成の流れのなかで壁という立面部分のスタートは敷地（SGL）と道路 GL の差による壁面が考えられます。門柱の位置一つ考えてみても、敷地地面上に計画する場合と道路面の位置では見え方、雰囲気も大きく変わってきますので、擁壁等の高さから門廻り、扉、フェンス、塀などのトータルな高さのバランス感の良さが求められます。

　道路と敷地 GL（SGL）までの擁壁として壁の立面部の高さを確認した後は、カースペースの扉の要・不要から、必要な場合はどんなタイプの扉にするかによって、扉という立面上の壁の高さが固定されてきます。

　こういう流れで壁面の高さのバランス感を見ながら、平面上の階段、門廻りの位置を決定していけばバランスの良い壁のデザインにつながっていきます。

もちろん、植物という壁が大きな役目を持っているのは言うまでもありません。

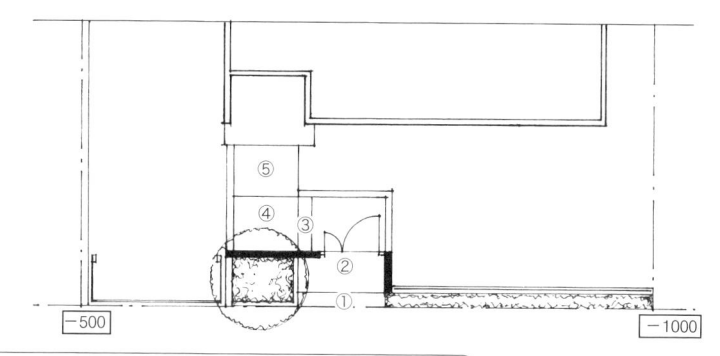

跳ね上げ式扉などに隣接する門廻り ①→②→③→④

① 最初に民々境界ラインを落とし、SGL、道路GLの表示をおこないます。
② カースペースの扉が固定されたら、その高さをベースに全体の壁の高さのバランスを考えます。
③ 門柱の壁の高さのバランスを考えながら、階段の設置位置を固定していきます。
④ 上部がフェンスなどの場合は、擁壁の高さはSGL+100を目安とします。

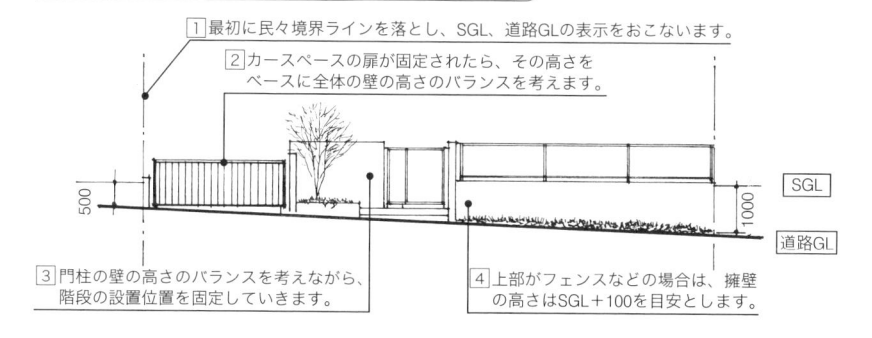

シャッターゲートなどに隣接する門廻り

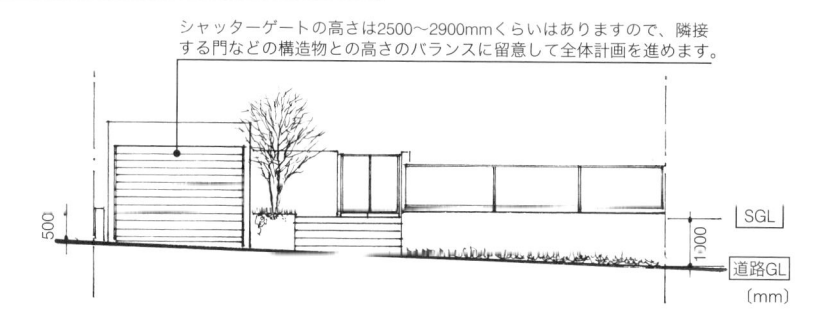

シャッターゲートの高さは2500〜2900mmくらいはありますので、隣接する門などの構造物との高さのバランスに留意して全体計画を進めます。

図1　エクステリアプランの基本的フロー

> **point**
> ＊平面計画を先行させてから立面計画に入るのではなく、同時進行または立面が先行して平面に戻るということが、全体にバランスの良い高さを生む。

海外のエクステリア④
トルコ

　トルコは古代からヨーロッパ文明とアジア文明の接点の地域であると同時に、宗教的にもギリシャ正教やイスラム教などが交錯することもあり、多彩な文明と文化に彩られた建築物が多く見られます。

　住宅建築という視点で見ると、RC造の骨組に煉瓦貼、モルタル塗りなどから構法的にも多彩なものが見られます。外観デザインも同じようにさまざまなものが多くあり、エクステリアという視点で見ると、クローズ外構の雰囲気を持つものが多いですが、門扉、フェンス、照明などのデザインが多様化しており、個性的なものが多く見受けられます。

❖イスタンブール近郊の住宅

多分、高級住宅に類するものと思われますが、敷地全体の見通しができにくいような樹木に囲まれています。グレー系の石貼の角柱と塀に組み込まれた高さの低いフェンスが威圧感の解消と、門扉のデザインともコーディネートされています。

道路から敷地が3m近く下がっている建物で、外廻りは石積の塀の高さを抑え気味に道路勾配に合わせて天端レベルも下げています。直径40cm以上あるかと思われる円柱形の門柱の上部の大きな球形の照明が印象的です。

メッシュ状の大きなフェンスの四隅を隅切りし、それに合わせ壁面もカットしているという個性的なデザインのエクステリアです。色味的にも建物壁面の白に合わせ、扉、塀の一部とポール状の照明灯の色も合わせています。

第 5 章
門廻りの設計

34 門廻りの持つ意味と機能及び門の種類

❖ 門廻りの持つ意味と機能

　門廻りとは一般的には門柱、扉、表札、ポスト、インターホンとそれにつながる塀の一部を含めた周辺のことを指します。門や塀は以前は自分の敷地を「囲む」「構える」という概念のもとに、古くは和風門などに代表される武家社会の名残というか、門構えを大きくし、高い塀で囲み、格式、威厳の象徴として扱われてきました。

　エクステリアという考え方も当初は、高い門とか塀などをめぐらした閉鎖的な「クローズ外構」が中心でしたが、最近は、2〜3台というカースペースが必要なことや、住宅の洋風化に伴う解放的な雰囲気、草花を含めた植物の多用ということから、「オープン外構」の門廻りが増えてきています。また、個人の敷地であっても接道部分に関しては、セミパブリック（半公共性）な空間としての、街並みに配慮された計画が必要といえます。

　要約すると、門廻りの持つ意味、機能とは、
- 防犯、セキュリティ（人の制御）
- ステータス（格式、威厳、個性表現）
- 機能（表札、ポスト、インターホン、照明）
- 道路（パブリック空間）と敷地（プライベート空間）の接点演出

などです。

❖ 門の種類

　門の形には和風、洋風共にさまざまな種類があり、古くは冠木門、腕木門などの和風門や角柱（門柱）タイプが一般的だったといえます。最近は、住宅様式の変化とも相まって、塀の一部に扉を付ける塀門タイプから角柱と塀門の組合せなど、敷地形状、建物デザイン、建築主の好みなどにより、さまざまな材料、デザイン等の門廻りが発信されています。

　また、オープン外構などの場合はスペースの関係もあり、門廻りの持つ機能（表札、ポスト、インターホン、照明）を集中させた形態のいわゆる機能門柱が用いられていて、カジュアル系、モダン系など、各々イメージ別のメーカー商品からオリジナルの袖壁タイプなどがあります。

図1 冠木門　冠木（貫）

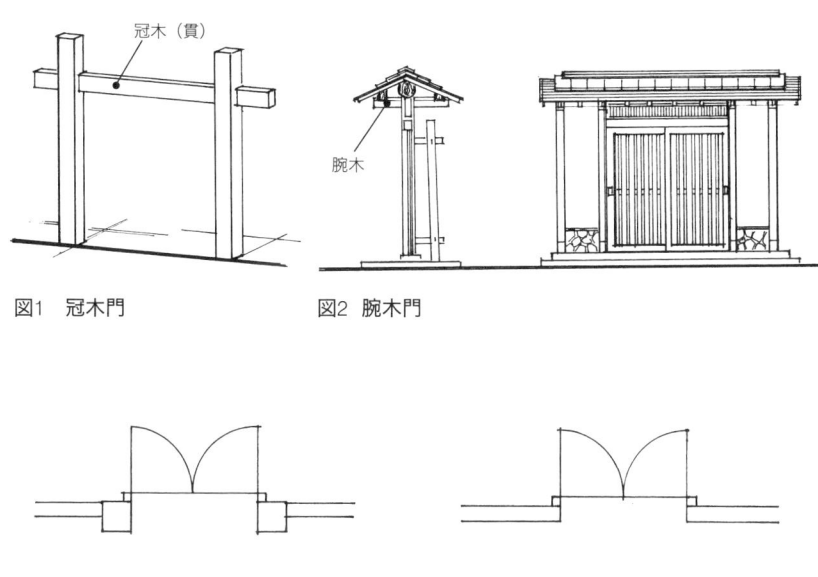

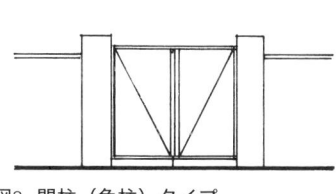

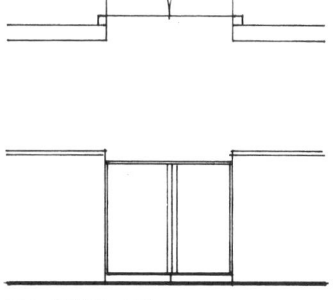

図2 腕木門　腕木

図3 門柱（角柱）タイプ

図4 塀門タイプ

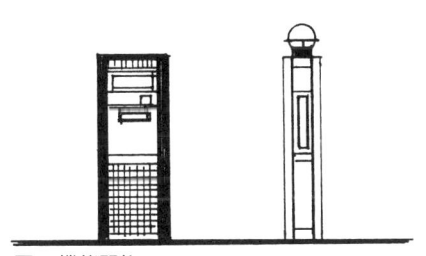

図5 機能門柱

point
＊クローズ外構、オープン外構を問わず、門廻りの持つさまざまな意味合いを充分理解したうえで、必要な機能を持たせた門廻りのデザインが大切。

35 門廻りの各部位と基本寸法

　門廻りは大別すると、クローズ外構の場合は門袖（門壁）、門扉、周辺の土間という部位に分かれ、オープン外構の場合は門扉がないのが一般的です。門廻りの持つ機能のなかの表札、ポスト、インターホン、照明などの設置スペースが門袖（門壁）や塀の一部になる場合が多く、機能性（使い勝手）の良い設計が必要となります。

❖ 機能性からの基本寸法の考え方

　最近はカメラ付きインターホンが主流となっていますので、設置位置はカメラレンズ芯で1250mm前後は必要となります。言い換えれば、インターホンに合わせたバランスで門袖の高さが決定されるということで、少なくとも1350～1400mmは必要になります。また、インターホンを押す動作スペースを考えれば、門袖の手前にできれば600～800mmくらいが欲しいところです。

　いわゆる、「人溜り」はこのスペースが確保されることにより、門袖が後退することにつながりますので、ゆとりのある門廻りが結果的に生まれてきます。敷地の関係でなかなか門袖の人溜りのスペースが確保しにくい場合もありますが、少なくともインターホンの動作をどこからおこなうか、使い勝

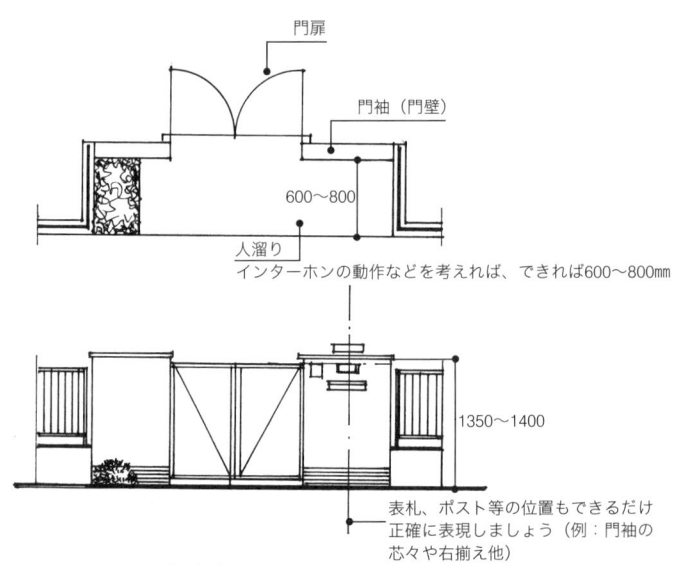

図1　門廻りの基本寸法

手はどうなのかは設計段階で明確に方向付けしておくことが大事です。

❖ **意匠性、デザイン面**

　門柱（角柱）タイプの場合は左右対称ですが、塀門タイプの門袖は形、幅ともさまざまなデザインが可能といえます。

　基本寸法は、ポストなど取り付ける側の門袖幅を、何も取り付けない側より大きく（最低800〜に対し600程度、または全く同じ幅で植栽スペースでも可）します。この時、使う素材、例えばブロックならブロック寸法400mm（目地込み）の倍数、煉瓦ならその煉瓦の幅の倍数ということを意識して、なるべく切物を出さないよう設計します。高さは、門扉とのバランス、その他シャッターゲート、カーポート、擁壁の高さ、建物本体とのバランスを見て決定します。この時、階段の上に門扉を持ってくるか、下で作るかによっても全体の高さのバランスは変わってくるので気をつけてください。

　門袖部分の高さは、カメラホーンとの取り合いからも標準的サイズが1400mm前後となりますので、門扉のサイズは 07 − 12（幅×高さ：700 × 1200mm）くらいが一般的です。扉のサイズが大きくなれば門袖の高さも高くなりますので、グレード感が出てきます。また、逆に 06 − 10（600 × 1000mm）などサイズが小さくなれば、コンパクトなこじんまりとした雰囲気となります。

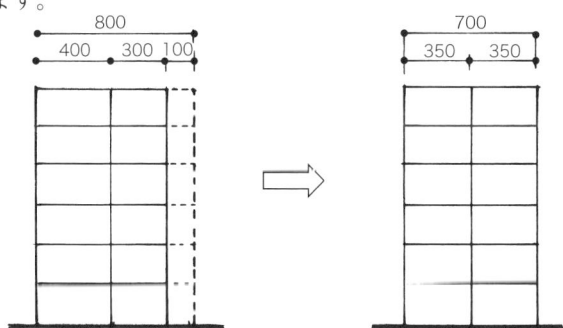

化粧ブロックの場合　通常であればブロック2枚分の800mmで考えるべきですが、どうしても700mm程度で計画するのであれば、両方から50mmずつ切り詰める図面、寸法の表示が必要です。現場まかせにしたら1枚を100mmカットしてバランスの悪い事例もたまに見ますので注意してください。

図2　化粧ブロック等の門袖寸法の考え方

point

＊門廻りの人溜りのスペースをできるだけ確保することでゆとりのある門廻りを演出できるし、インターホンなどの動作位置の確保にもつながる。

36 門廻りの位置パターン

　門廻りの位置は敷地形状、建築物配置、玄関位置とも関連しますが、基本的には道路（または建物）に対して「平行配置」「直角配置」「斜め配置」に分けられます。門廻りの位置は次のアプローチの方向性とも関連してきますし、できるだけゆとりのあるデザインにすることが大切です。どの配置でなければということはありませんので、敷地形状、建物との関連を含め柔軟に考えていくことが大事です。

1 平行配置

【長所】
- 建物と門の位置が平行なラインのため、視覚的安定感もあり、フォーマルなクローズ外構プランには対応しやすいです。
- カースペースが隣接する場合、壁、扉等の納まりがスムーズにいきます。

【短所】
- あえていえば、オーソドックスで門から玄関までの距離が短い場合は、単調なデザインになりやすいです。

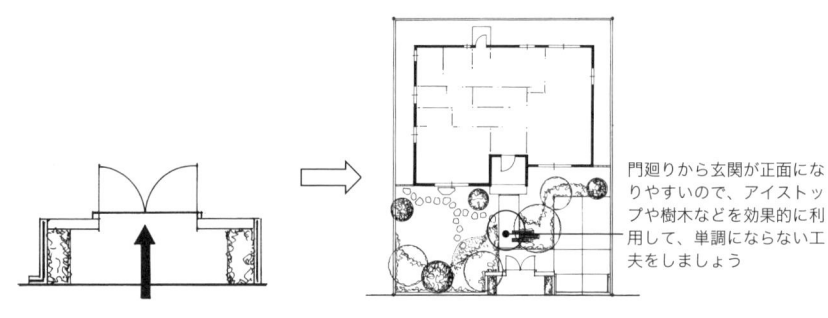

図1　平行配置のプラン

門廻りから玄関が正面になりやすいので、アイストップや樹木などを効果的に利用して、単調にならない工夫をしましょう

2 直角配置

【長所】
- 門扉の取付位置の関係もあり、必然的にゆとりのある門廻りになりますし、門袖が玄関方向に対してのアイストップ的効果を持ちます。
- 門廻りと玄関までの距離が短い時などは、アプローチ、動線に変化のあるデザイン処理につながります。

【短所】
- 門扉の正面に目線を止める仕掛けが必要になり、ある一定のスペースも必要となるので、接する庭の空間が狭くなりがちです。

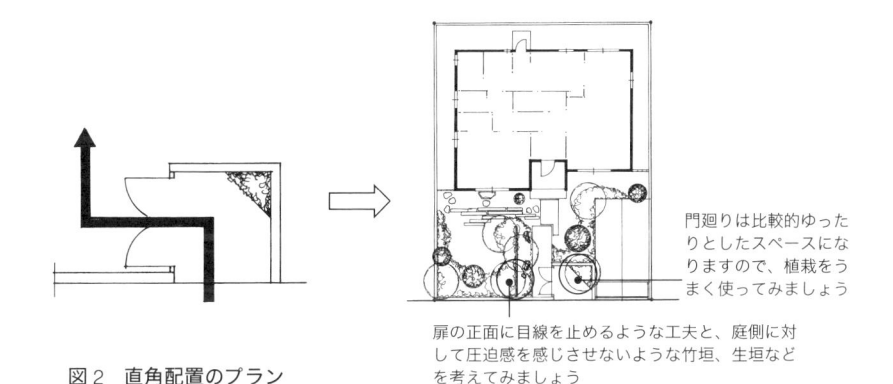

図2　直角配置のプラン

門廻りは比較的ゆったりとしたスペースになりますので、植栽をうまく使ってみましょう

扉の正面に目線を止めるような工夫と、庭側に対して圧迫感を感じさせないような竹垣、生垣などを考えてみましょう

3 斜め配置

【長所】
- 角度を持って建物を見るため、建物の視覚的効果が生まれたり、アプローチが動きのあるデザインになりやすいです。
- 縦列駐車の門廻り、カースペースに効果的なデザインです。

【短所】
- 鋭角、鈍角ができやすいので、煉瓦、タイルなどは納まりに注意が必要です。

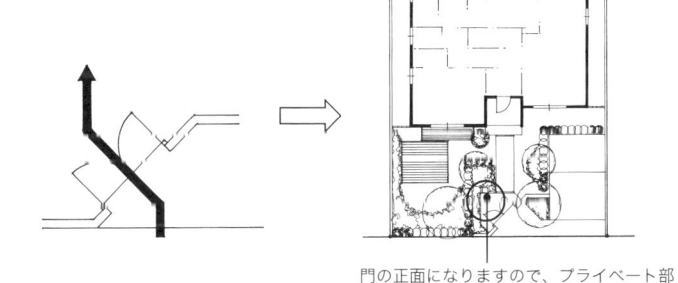

図3　斜め配置のプラン

門の正面になりますので、プライベート部分に対する目隠しと、ワンポイントの演出効果を考えてみましょう

point

＊門廻りの位置は敷地形状、建物までの距離などに配慮しながら「平行」「直角」「斜め」配置の特性とも照らし合わせて選択すること。

第5章　門廻りの設計

37 門扉の取付位置、納まり

　門廻りには人や車の出入りを制限するためにさまざまな機能、形態を持つ門扉が設置され、大別すると開き門扉、引戸、伸縮門扉（アコーディオン扉）、跳ね上げ門扉などがあげられます。ここでは、特に門柱壁面の高さ、開口など扉とのバランス感が要求される「開き門扉」について考えてみます。

1 開閉方法による種類

- 両開き　：場所にあまり制約がなく、標準的な納まりです。
- 片開き　：一般的に勝手口、通用口に設置される標準的な納まりです。
- 親子開き：比較的狭い開口での両開きで片側の扉を小さくします。（幅07・04 －高さ12）
- 三枚（四枚）吊元開き：カースペースなど開口の広い場所で用いられ、人の出入りも兼用にすることができます。

　いずれの場合も扉の開閉の働き幅に余裕を持たせ、なおかつ人の動線に支障のないようにすることが必要です。一般的に右勝手（右側の扉を開き、片側は固定）が多いですが、アプローチの方向性によっては左勝手の場合がスムーズな動線になる場合もありますので、設計段階でどちらの開き勝手かも表示してください。

右側門扉よりも左側門扉を開く方が人の動きがスムーズになります。

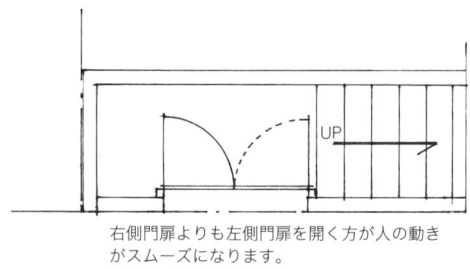

図1　左勝手の方がスムーズな例

2 扉の吊り方による種類

- 門柱式　：扉を吊るために専用の柱を用いる方式で、現在はこの吊り方が主流です。柱の設置位置は一般的には壁面の後ろですが、開口を広く見せたい場合などは横に付ける場合もあります。使用門扉のサイズによっても変わりますが、門扉を吊る柱のサイズは75角、124角変形などがあります。

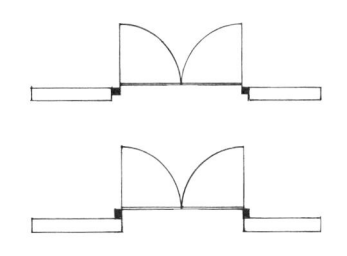

間口を広く見せたい場合、門袖の側面に設置の場合

一般的な門袖の後方に設置の場合

図2　柱の取付位置

- 直付け式：石積門柱や石塀などに直接ヒジ坪金物を埋め込み、直接扉を吊り込む方法です。

③ 壁面と門扉の高さ

　門扉と門柱、塀などの壁面の高さのバランスが悪い現場をたまに見かけることがあります。門扉の大きさにもよりますが、門扉と土間の隙間は5〜7cm、扉と壁面の天端の差は10cm前後が一般的です。

門扉が塀より高すぎる

扉の下が空きすぎている

門柱、扉、塀の全体のバランス感が悪い

図3　バランスが悪い門廻りの事例

point
＊門廻りはその家の顔ともいえる部分なので、できるだけ間口を広く見せたり、扉と壁面との高さのバランス、扉の使い勝手など適切な対応が必要。

第5章　門廻りの設計

38 イメージ別表札選定

　表札（サイン）がその家の顔であることは今も昔も変わりはありません。住宅の様式も以前に比べたら多様化していますが、こと表札に関しては、ここ10年くらいさまざまな素材、形、字体、色などを持つものが増えてきており、まさに建築主が最もこだわりを持ちたいアイテムの一つとして、今後も多くの可能性を残しています。以前は天然石、木製の90×180mmの表札が主流で、「お客様が書かれた字をそのまま彫れますよ」と言えば大いに喜んでおられたのが、今は表札の種類から字体、色も含めてあまりにも多すぎるので、建築主も決めかね、表札一つ決めるのに数時間かかるということも日常化しています。また、現場で使用する煉瓦、テラコッタ、タイル、石などから自分の気に入ってる陶器の皿、鉢他までさまざまな材料に彫ることができますので、この世に一つだけというオリジナリティの高い表札も考えられます。

　表札は街並みから住まいを彩るだけでなく、住む人のイメージを物語り、温もり、笑顔も伝えてくれますが、建物、門廻りなどの他の素材、形との調和も大事であり、表札だけでなく全体とのバランス感を見ながら、飽きのこないデザイン、素材の選定が大事です。

1 カジュアル系に合いやすい表札

　全体イメージが柔らかい、明るい、解放的な感じで自然素材が中心で門廻りが構成されていますので、表札も温かみのある素朴な土の温かみが伝わるテラコッタ製品からセラミック製品、アートの雰囲気と手作りの暖かさを漂わせるアイアン製品などがお勧めです。

　また、花柄や動物などのモチーフを取り込んだ表札もガーデン感覚のエクステリアの表情を豊かにしてくれます。

動物や植物の葉などを組み合わせた「アイアンサイン」

花柄をモチーフとし、柔らかい曲線を持つ「セラミックサイン」

壁面に埋め込むという発想ではなく、アーム状の「アイアンサイン」

2 モダン系に合いやすい表札

建物からエクステリア全体のイメージが直線を基調としたシンプルでスタイリッシュな都会的雰囲気で構成されていますので、表札もシャープな雰囲気やラインを演出しやすい金属（ステンレス他）やガラスなどをベースにしたものがお勧めです。

形状は基本的には四角形、細長い長方形などが一般的には合いやすいですが、半円形、円形なども材料、色使いによっては効果的ですし、色合いも寒色系の青をうまく取り入れたり、字体も行書体よりはゴシックの方が合いやすいといえます。RC壁などのコンクリート打ち放し面などには金属系の切抜きで欧文書体なども似合います。

シャープでクリアな雰囲気と色合いの「ガラスサイン」

照明と組み合わせられた欧文体の「ガラスサイン」

クールな質感とシャープなラインを持つ「ステンレスサイン」

3 フォーマル系に合いやすい表札

一般的にはクローズ外構で、かちっと囲われている場合が多く、外壁の仕上げも吹付、タイルなどが主となりますので、表札もできるだけオーソドックスでシンプルな形、素材がお勧めです。少し変化を持たせた鋳物切抜文字などは字体によりフォーマルな感じから、多少カジュアル系まで対応の幅が広い素材の一つといえます。

大理石、御影石など天然石は、浮彫りしたり、サイズを変えてみるなどの工夫により、まだまだ重厚感で表札を代表する素材といえます。

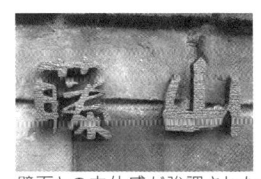

壁面との立体感が強調された「鋳物切抜き文字サイン」

モノトーンの色合いと浮彫りが重厚感を感じさせる「天然石サイン」

正方形のサイズと円弧のラインが強調された「天然石サイン」

point
＊さまざまな表情を持つサインが増えているが、表札だけを見るのではなく、建物から門廻りを含めた全体とのバランスを考えることが大事。

39 イメージ別ポスト選定

　家の顔ともいえる門廻り、アプローチ周辺においてさまざまな表札が登場しているように、ポストの表情も多様化してきています。以前はブロックと同じサイズの「箱型ポスト」から郵便物を差し込む口金部分が外部に見えるだけの「口金式ポスト」、ポール建ての「アメリカンポスト」が主流でしたが、最近は海外から持ち込まれたアンティークからモダンなデザインのポストに触発される形で、単なる郵便物を入れるだけでなく、門廻りの表情をさらに豊かにするアイテムとしてさまざまな洋風モダンポストが登場しています。

　設置方法も従来の箱型、口金式の埋め込み設置ではなく、壁付けタイプ、据置タイプなど多様化しており、サイズ的にも大容量サイズからポストの設置場所、敷地条件などに対応した前入れ前取り出し・後取り出しなど状況に合わせての選択が可能です。

　魅力的なポストが増えていますが、何と言ってもポストの生命線は使いやすさといえます。毎日使う部分ですので、郵便物の取り出し位置と動線との関係や、入れたり出したりする視点で開きやすい、入りやすい、閉めやすいなどの点に配慮されていることが大事で、デザインだけが良くても駄目ということです。

1 カジュアル系に合いやすいポスト

　塗壁、煉瓦などの壁面に取り付ける場合は、通常の口金式タイプでも充分対応できますが、口金部にアイアンアクセサリーなどの口金飾りなどをつければさらに効果的です。ポストの色合いとしては明るい雰囲気の門廻りに合うブラウン系から柔らかな色彩であれば門廻りの色に合わせることで対応できますし、アンティークな雰囲気を持つ錆色や暖色系の原色に近い赤い色などもポイントとして使えます。

装飾性をおさえたなかで手作り感のある「壁付けポスト」

アンティークな懐かしさを感じさせてくれる「据置ポスト」

ポール部分にサインをセットした赤色の「ポール建てアメリカンポスト」

設置方法は口金式以外はほとんどが壁付けや据置タイプ、またはポール建てになりますので、壁面とのバランス感も大事になってきます。

②モダン系に合いやすいポスト

　RC打放しの壁面、黒〜白のモノトーンのタイルなどのシンプル壁面には、個性的でスタイリッシュなモダンなデザインの壁付けポストが効果的です。色味はステンレスのシルバーから赤、黄、青などもあり、アクセント色としての演出効果もあります。白色の口金式タイプもすっきりとした爽やかな感じを与えますので、充分対応は可能といえます。設置方法は壁付けタイプやポール（スタンド）タイプが主流といえ、ポスト、サイン、照明などを含めトータルデザインがより望まれます。

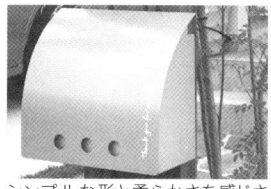

シンプルな形と柔らかさを感じさせる「壁付けポスト」

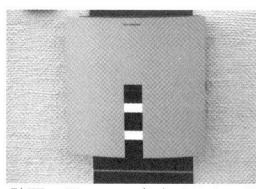

壁面の黒の300角タイルをデザイン的に取り入れた「壁付けステンレスポスト」

黒のガルバリウム鋼板の壁面に設置された「壁付けステンレスポスト」

③フォーマル系に合いやすいポスト

　フォーマル系の門廻りですので、どちらかといえば表札、ポストなどはそんなに個性的なデザイン性の高いものよりは、むしろオーソドックスでありますが、飽きのこない口金式や箱型ポストが主流といえます。門柱、壁面などに埋め込むタイプが基本となりますが、仕上げ材や郵便物の容量にも対応しやすいし、機能性に重点を置いていますので、使い勝手を含め安心感があります。

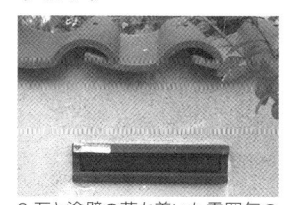

S瓦と塗壁の落ち着いた雰囲気の門廻りの「口金式ポスト」

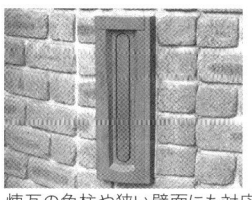

煉瓦の角柱や狭い壁面にも対応できる「タテ型口金式ポスト」

ブロック1枚分のサイズを持つ「箱型ポスト」

point
＊ポストも住む人の個性を発信させる大事な門廻りのアイテムではあるが、日常的に使うものなので、見た目だけでなく使い勝手が特に大事。

40 照明器具選定、取付位置

　門廻りからアプローチを経て玄関に至るまでの空間における照明の役割、効果は大別すると3つの目的があり、それに準じた照明位置、器具の選定が必要といえます。

🔦夜間の空間演出の明かり

　明かりが創造する空間は、昼間とは全く違った雰囲気、表情を漂わせ、特に樹木への照射効果を重ねることにより、より効果的な演出ができます。

🔦安全の明かり

　夜間の暗いなかでの階段の上り下りなどで思わぬ事故につながる場合もありますので、安全、確実なための明かりが必要といえます。階段の上り口と下り口を基本に足元灯を設置し、段数が10段以上の場合は途中にもう1灯の設置を考えてください。

🔦防犯の明かり

　セキュリティ対策の一環としての明かりも必要で、不審者や侵入盗は明かりのある空間は嫌がりますので、敷地内にうまく照明を配したり、人感センサーなどを併用した形が望まれます。

　門廻りからガーデンに至る照明器具も、表札、ポスト同様デザイン性を含めさまざまな商品が出ていますが、照明器具は取付場所を誤ると器具内浸水による故障、漏電の恐れもありますので、取付場所及び器具選定時に注意が必要です。

1 器具の品質と取付位置

　メーカー品はまず問題ないですが、船油灯やプライベートブランド商品の一部には防水性能に問題が出たこともありましたので、JIS規格の「防雨型」以上の確認と設置部位「天端付け」「壁付け」は必ず厳守してください。器具のデザインだけに目を取られ、うっかりすると台座が門柱の幅より大きかったり、照明器具が取付壁面等に対して大きすぎたり、小さすぎたりしてバランスが悪い場合もありますので、照明器具だけでなく全体のバランス感に配慮することが大事です。また、照明器具により光の広がる方向に違いがあり、全方向、横方向、横から下方向、下方向などに分かれますので、表札部

分のみを明るくしたいのか、それとも全体を明るくしたいのか等の周囲の条件に配慮した器具選定が大事になります。

● 天端付け

● 壁付け

● ポール形状

図1　照明の種類

2 植栽植込み部のアプローチライト、スポットライト

樹木のシルエットは樹木の樹形、大きさ及び器具の照射位置（正面、横、斜め、真下正面、真下横）により見え方が大分異なりますので、できれば植栽植込み後に仮設置した状況を夜間に確認してから、周辺の他の明かりの状況なども踏まえての本設置が望まれます。

図2　植栽植込みのライトの例

point
＊門廻りの照明は、夜間の空間演出、安全、防犯という視点で、人の立つ位置、視線、光の方向性など周囲の条件や人の動線に配慮した計画が大事。

第5章　門廻りの設計

41 表札、ポスト、インターホンの適切な取付位置

　クローズ外構が主流であり、表札、ポストなどにたくさんの種類の商品がなかった時期は、表札、ポスト等の取付位置に関してはさほど気をつけなくても良かったともいえます。　もちろん、当時でもバランスの悪い配置やポストだけが箱型ブロック式で、門柱の石貼の仕上げから見たら安っぽくて違和感のある門廻りもありました。

　材料、商品との組み合わせのバランスの悪さも、表札（90 × 180mm）、箱型ブロックポスト（約 200 × 400mm）、口金式ポストの口金部（約 95 × 420mm）が固定されているなかでは、よほどの場合を除き、あまり違和感がなかったのではと思われます。

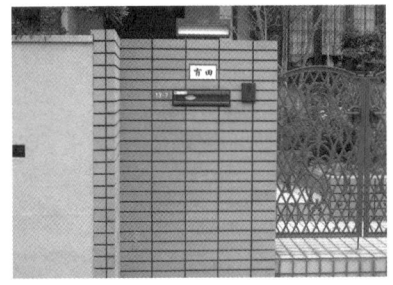

タイル割付含めバランスの良い例

表札、ポストなどのバランスが悪い例

口金式ポストを入れる門袖のスペースは最低でも 80cm くらいは確保してください。60cm くらいしかないと、このような納め方になりやすく、バランス感が取りにくくなります。もちろん、門扉を吊る角柱の位置も本来はこんな形で納めるのは問題があります。

図 1　表札、ポスト等の取付位置

　ところが、最近は表札、ポストなどにもさまざまなデザイン、形状のものが増えるに従い、全体壁面における位置、大きさなどのバランス感が要求され始めています。

　特に、オープン外構の現場などでは門壁のスペースも小さく、目につきや

すい部分ですので、設計段階での詳細な打合せや図面が必要になってきます。塗壁、石積などの場合と異なり、タイル貼門柱などの場合は、タイル割付とポスト、表札の位置など当たり前のことですが、タイル割付図もないまま施工され、タイル目地の通りに対しておかしな位置のポスト、表札も良く見かけます。

イメージパースや 1/100 の縮尺ではわかりにくい場合は、せめて 1/50 くらいまでスケールアップした立面図等にて、取付位置が明確にわかるように建築主に説明して、合意のうえでの施工が望まれます。

建築主から「この表札、ポストの取付位置、私聞いていませんでしたよ…」ということがないように、できるだけ打合せ時に合意をもらってください。そのためには表札、ポストなどの商品決定を速やかにおこなうことが必要で、くれぐれも門柱の下地ができあがっているのに表札が決定していないことなどがないように気をつけてください。

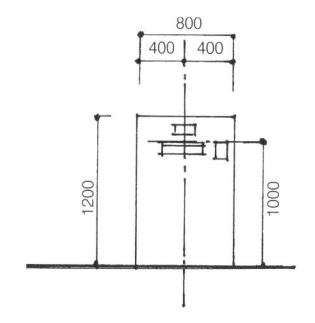

壁面の中心に振分けするのが一般的です。カメラ付インターホンは取付位置1200〜1250mmの高さを必要としますので、H1200の壁には取付を避けてください。

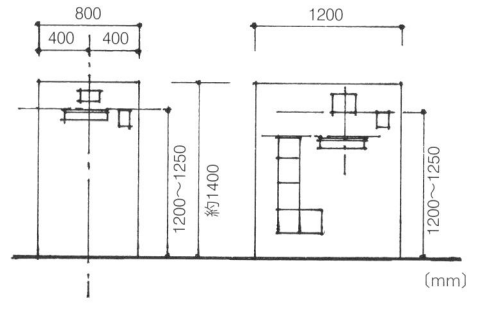

表札等の位置は天端、下端をできるだけ合わせてください。門扉07−12タイプはこのサイズの壁面が一般的ですが、表札等さまざまな種類が出ていますので、片袖だけでなく、両袖を使ってバランスの良い配置を考えてください。

図2　適切な取付位置

point

＊表札、ポスト、インターホン等の位置は現場まかせにするのではなく、図面で全体のバランス感を確認しながら、材料、位置の最終決定が必要。

42 機能門柱の付加価値を上げる方法

　機能門柱を定義付けすると、門廻りに必要な機能（表札、照明、ポスト、インターホン）を一ヶ所に集中させた袖壁状及びポール状の構造物といえます。クローズ外構の場合は周囲を塀で囲んだり、門柱壁がありますので、門廻りとしての機能性を持つアイテムの設置スペースにはそんなに不自由はしませんでした。
　ところが、オープン外構が増えるに従い、その機能をどの部分で持たせるのか、また、デザイン的にどう処理するか、どんなイメージのものにするかなどから、さまざまな機能門柱のスタイルが生まれてきたといえます。

❖ 機能門柱のタイプ

　素材的にはアルミ形材などの金属をベースに、表面処理は擬石風から木製風などさまざまなメーカー商品があり、もちろん、単独での設置でも何ら問題はありませんが、最近の顧客動向から見ても、メーカー商品だけではなく、そこに一工夫が欲しいところです。同じ商品でもその周辺に植栽を含め、ちょっとこだわりを持たせた機能門柱プラス周辺シーンということを考えることにより、より付加価値を高めた演出効果が生まれてくるといえます。
　もちろん、同様なものは湿式工法をベースとしたブロック積塗壁や枕木などを利用し、門廻りの機能を集中させた独自のデザインによるものもありますが、ここではメーカー商品を中心に一工夫を考えてみます。

スリムでシンプルなフォルムにタテ型ポスト、カメラホーンなどを取り込んだメーカー商品の機能門柱

枕木にポスト、サイン、照明等を取り込んだオリジナルな機能門柱

図1　機能門柱の事例

❖ 機能門柱のサイドを広げる事例

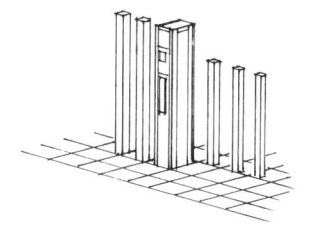

モダンでスリムな機能門柱にアルミ75角の柱により両サイドを広げています。

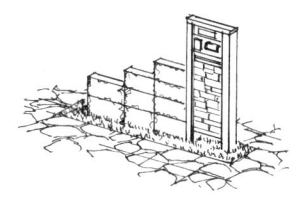

米杉の柱を用いたカジュアル感のある機能門柱に割肌風の化粧ブロックを添えて一体感のあるものにしています。

❖ 機能門柱のグレード感を上げる事例

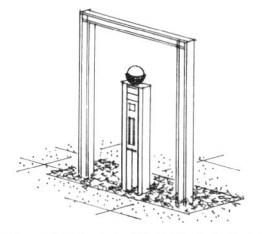

H鋼のアーチのなかに取り込まれたモダンな機能門柱の額縁効果がグレード感を高めています。

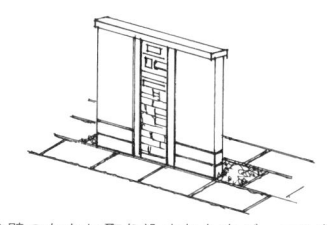

塗壁のなかに取り込まれたカジュアルな雰囲気の機能門柱に合わせたような笠木と幅木の板貼が一体感をより表現しています。

❖ 機能門柱に植栽を効果的に配する事例

笠木のアールが柔らかいタイルと塗壁風の機能門柱には、やはり落葉樹などがナチュラルな雰囲気を醸し出してくれます。

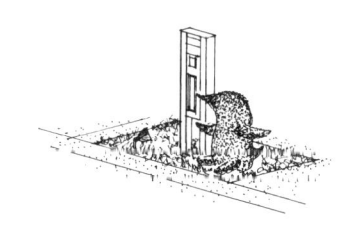

モダンな機能門柱と人工的に刈り込まれたトピアリーのペンギンが来訪者を楽しく迎えてくれます。

> **point**
> ＊メーカー商品の機能門柱も、サイドを広げたり、効果的な植栽などにより雰囲気が大きく変わり、オリジナリティを感じさせるような演出ができる。

第5章 門廻りの設計

43 さまざまな門廻り事例からのデザインヒント

　オープン・セミクローズ外構の場合は、門廻りにおける門袖の演出効果が特に大事です。

　家の顔ともいえる部分で最も人目につく所ですし、住む人の個性、ライフスタイルの絶好の発信場所でもあり、街並みの一環としての場所でもありますので、住む人、訪れる人、道往く人にとって優しい、素敵な、楽しくなるような演出が望まれます。

　特に、最近は門袖などのアイテムとして用いられるスクリーンブロック、ガラスブロック、アートガラス、いぶし瓦アイテム、擬石、モザイクタイル、ロートアイアン壁飾り他多くの商材があります。これらを門袖のデザイン、仕上げの一部としてうまく取り込むことにより、建築主の個性の発信につながるオリジナリティの高い演出が可能といえます。

❖ デザイン上のポイント

- 建物の持つフォルム、テクスチュア、カラースキームなど、デザイン面との一体感をどこかに持たせます。

図1　建物のスクエア（四角）な小窓をモチーフとして、ガラスブロックなどにつなげた事例

- 門袖のサイズは、あまり大きすぎたらバランスが悪いので、一般的には幅800〜1200mm、高さ1400mm前後を標準とします。設置場所については、全体計画のなかで車、人の動線や建物玄関、開口部など隠したいもの、目を止めたいところなどに配慮した位置決定が望まれます。
- 門袖に設置される表札、ポスト、照明、インターホンと門袖アイテムの材料とのコーディネート及び位置との関係もバランス良く考えます。どちら

かといえば、壁面に余裕を残すくらいの配分が望まれ、あくまでもワンポイントとしての処理が効果的です。
- アイテムの色、形、質感などをワンポイントとし、全体イメージとは異なるものを選び、際立たせて強調効果を狙うのも一つの方法といえます。

❖ **コーディネート参考事例**

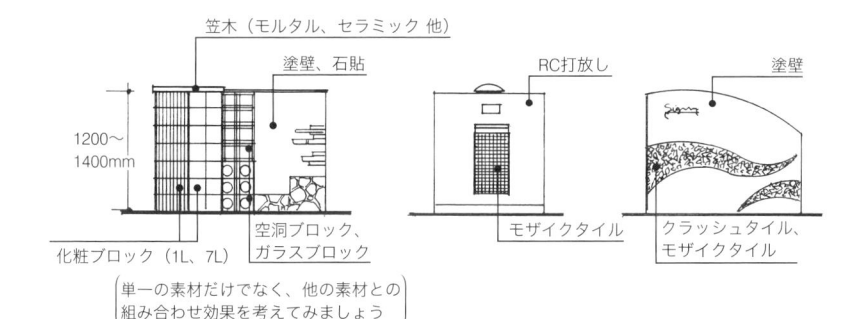

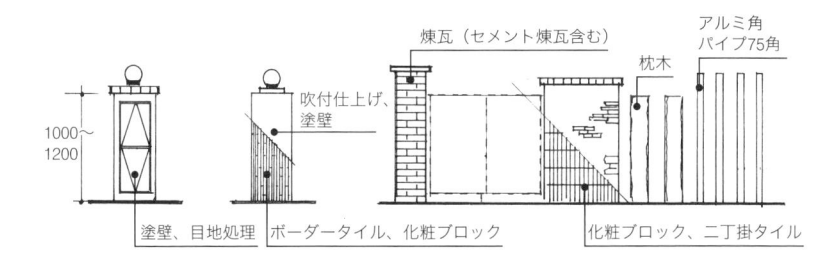

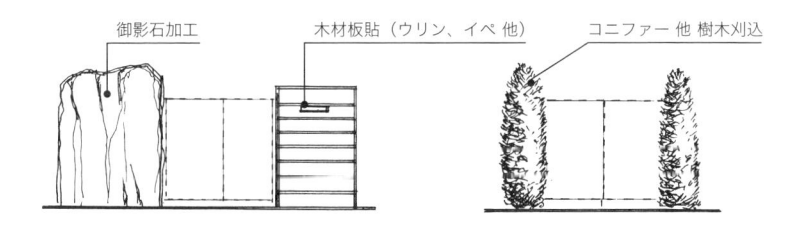

笠木（モルタル、セラミック 他）
塗壁、石貼
1200～1400mm
化粧ブロック（1L、7L）
空洞ブロック、ガラスブロック

RC打放し
モザイクタイル

塗壁
クラッシュタイル、モザイクタイル

単一の素材だけでなく、他の素材との組み合わせ効果を考えてみましょう

1000～1200
塗壁、目地処理

吹付仕上げ、塗壁
ボーダータイル、化粧ブロック

煉瓦（セメント煉瓦含む）
枕木
アルミ角パイプ75角
化粧ブロック、二丁掛タイル

御影石加工
木材板貼（ウリン、イペ 他）
コニファー 他 樹木刈込

point

＊門廻りの壁面を飾るアイテムは、ワンポイント的な使い方として、あまりゴテゴテしないで、ゆとりのある壁面を残すくらいが望ましい。

44 アールを使った門柱

　洋風住宅でもイタリア、フランス南部などに代表される南欧風住宅の白い外壁やスパニッシュ瓦の明るい外観は、草花、煉瓦、枕木などの自然素材が良くマッチします。ナチュラルな感じでカジュアルな親しみやすい雰囲気の演出には曲線がより効果を出してくれますが、土間と壁のデザインのなかでも、特に壁、門柱などの曲線を用いたデザインは気をつけないと思うほどの効果が出なかったり、施工上の納まりが悪かったり、時には建物とは全くマッチしていなくて違和感のある門壁さえ見受けられます。

　確かに直線より曲線の持つ柔らかさはわかりますが、気持ちの良い曲線もあれば、不自然なラインもありますので、そのあたりに充分な配慮が必要です。

❖ デザイン上のポイント

- 作図段階は通常1/100、1/50程度のスケール感で計画していくわけで、現場での実寸大のスケール感をどれだけ理解してすり合わせができているかが大事になります。平面、立面図の感覚も現場では見る位置（視野、仰角）などにより大分異なりますが、何より大事になるのはエスキス（下絵）をしっかり描いてみて、そのなかからスムーズな曲線のラインを探し出すという作業です。ともすれば、最近は多数の商材があることにより、安易な商材の貼り付け？としか思われないような現場も多々見受けられますので、充分描き込まれたデザインがより大事といえます。
- 土間と壁とのつながりを考えたアールを用いることにより、より一体感の

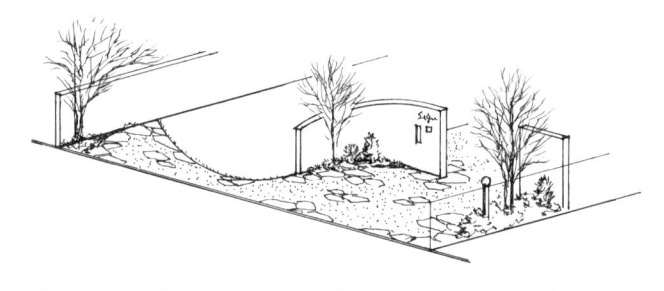

門廻りのアールの壁がカースペースの土間の曲線のラインにつながっています。

図1　土間と壁とのつながりを考えたアールデザイン

ある柔らかさが演出できます。門柱など壁面のアールだけでなく、植込みスペースから土間のデザインにも曲線を用いることにより、アールがより強調されたデザインにつながっていきます。
- アールの壁面といっても、シンメトリーな半円状から高さに変化を持たせ下げていくなど、さまざまな表情が可能です。比較的大きな面を持つ場合などは、飾り窓やスリットなどで変化が欲しいところです。

アールを持たせながら天端を下げていく場合などは、天端は斜めになりますので、笠木の材料（煉瓦、タイル）により目地などの納まりが悪い場合もありますので気をつけてください。

❖ 材料選択上のポイント

綺麗なアール半径の目安は材料の長さ×10〜12倍ですが、煉瓦、タイルなど、材料により縦使いすることによりアールの大きさも大分変わりますので、材料のどの部位を用いるかは良く検討してください。

塗壁などの場合は、下地での調整も可能ですが、化粧ブロックなどの仕上げ面をそのまま利用する場合などは、特に配慮が必要です。

平面的にも片方の袖壁に大きなアールを持たせ、天端もスムーズな曲線で処理されています。壁面の一部の小窓も印象的です。

アールの納まりが悪い煉瓦積花壇です。これくらいのアールを表現しようと思えば、少なくとも煉瓦の小口部分を表に見せるような積み方が必要です。
（写真提供：INAXエクステリア仕彩館）

図2　アールの納まりの良い例・悪い例

point

＊曲線を持つ壁面処理の門廻りは根強い人気を持っていますが、壁の長さや材料等によっては、スムーズなラインが出ないので注意が必要。

45 石積、石貼門柱

　自然石は、いつまでも材料の持ち味が変わらず、汚れたりする経年変化も少ないので、耐久性のある門柱などの代表的素材の一つです。以前は鉄平石、丹波石などの木端積、乱形貼や御影石、大谷石なども多く使われてきましたが、最近は砂岩、石灰岩、石英岩などの輸入石材や擬石（セメント、顔料、砂などを材料にして天然石に似せて作った人造石）などもよく用いられ、重厚感というよりはむしろ明るい感じの石積、石貼門柱などが増えています。

　ただ、石灰岩系や品質の悪い擬石などは酸性雨など大気中の酸により退色したりする場合がありますので、材料特性に配慮した選定が望まれます。

鉄平石木端積の門柱で色味がグレーですので、すっきりとした感じの門柱です。

丹波石木端積の門柱で石の形、大きさをうまく組み合わせて空目地仕上げが基本です。

図1　石積門柱の事例

❖ 新しい感覚での石積石貼門柱

- 全面に石を貼るのではなく、塗壁などの仕上げとコーディネートし、幅木という形より壁の一部として仕上げることで壁が分割され、よりモダンな感じの雰囲気が生まれます。

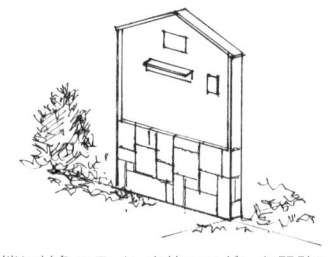

天端に対角のラインを持つモダンな門壁には矩形貼が良く似合います。

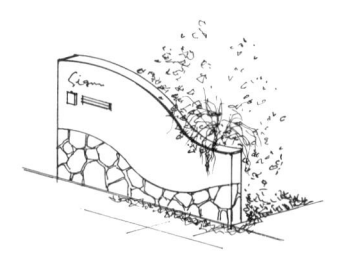

カジュアル系のアール門壁の乱形石貼

図2　塗壁仕上げとコーディネートする

- 御影石などの大割した原石を薄く加工割した壁面の一枚物の門柱なども、自然石の持つ質感やさまざまな形状がインパクトの強い雰囲気を出してくれますし、石積、石貼とは異なった面で仕上げたモダンさを持つアート的雰囲気も感じさせてくれます。

小叩き仕上げの大きな壁面と延石風柱建ての組み合わせ

図3　石材の加工・仕上げを工夫する

- 機能門柱に付加価値を与え、広がり感を演出していく方法として枕木、金属角パイプなどを建てたりしますが、延石など石材を加工した形の仕上げ（割肌、小叩き、本磨き、他）を変えることによりさまざまな表情、イメージを創り出してくれます。石材は種類も多くさまざまな加工もできますので、門廻りのこだわりのアイテムとしては今後益々増えてくるのではと思われます。

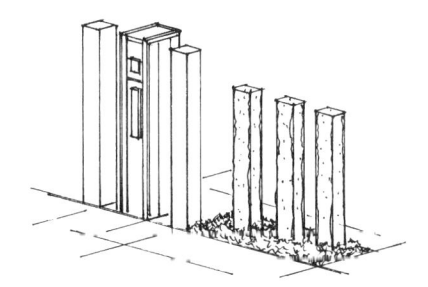

機能門柱の両サイドは黒御影石の本磨きとし、小叩き風の延石とのテクスチュアの違いを表現しています。

図4　機能門柱に付加価値を与える

point

＊輸入石材などは安価で材料が入手しやすいので、石材をうまく加工した門廻りや壁面処理によりオリジナリティのあるデザインアイテムができる。

第5章　門廻りの設計

46 タイル貼門柱

　タイル貼の門柱も石材と同様に耐久性の高い材料で、石材とは異なった面でさまざまな色やテクチュアの違いの豊富なバリエーションが門柱や塀の代表的な素材としての位置付けを与えられました。古い住宅地などの外構現場を見ても、吹付や左官仕上げは年月と共に退色したり汚くなったりしているのに対して、石材、煉瓦、タイルを使っている場所は多少目地部が汚れている程度で、全体は綺麗な形で残っています。

　タイル貼の門柱は単独の場合もありますが、どちらかといえば建物に用いているタイルの延長線上として、建物との一体感を演出する形での使用が一般的といえます。

❖ 商品の選定

- 外部での使用となりますので、外壁用、外床用の商品の使用を基本として考えてください。特に最近はさまざまな輸入タイルから安価な商品も増えていますが、こと外部の場合は、寒冷地に限らず凍結障害により割れたり、剥離する場合もあります。特にデザインタイルなど、実際の施工例では本来は内部用のタイルを外部使用している場合も見受けられますが、建築主には充分そのあたりを説明してから選定してください。

- 煉瓦等とは異なりタイルの場合は、薄いためコーナー部などは役物タイルを使用していきます。どんな種類の役物を使うか、どういう貼り方をするかによっても門柱のデザインが変わる場合もありますので、門柱などは拡大図や割付図などを描いて建築主との打合せを進めてください。

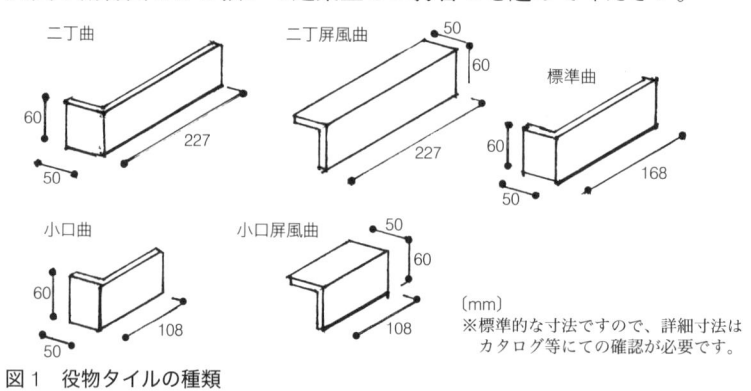

図1　役物タイルの種類

〔mm〕
※標準的な寸法ですので、詳細寸法はカタログ等にての確認が必要です。

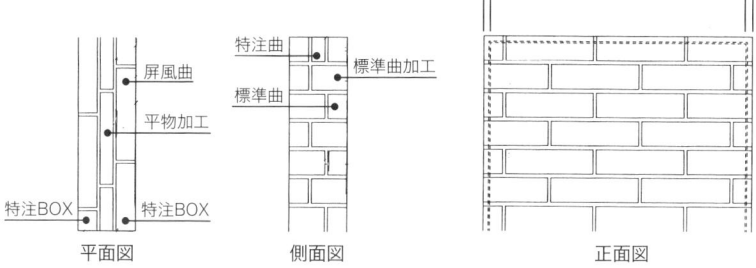

図2　タイル割付事例（天端屏風曲使用の場合）

● タイルの目地は、タイル品番、色などに比べると軽視されがちですが、目地セメントの色、目地方法によって大分雰囲気が変わります。また、同じタイルでも乾式施工の建物外壁やシャッターゲートなどが隣接する場合は門柱など湿式施工との目地の違いを建築主に説明していないと思わぬクレームにつながります。目地部にもそれなりの配慮が必要ということです。

図3　さまざまなタイル貼門柱

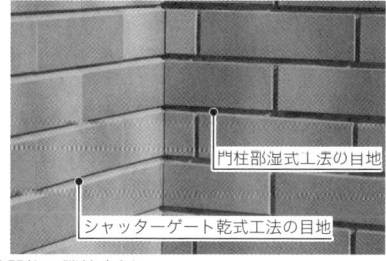

図4　乾式施工と湿式施工の隣接

point
＊門柱や塀の役物タイルの使い方やタイルの貼り方、割り付け方法などでデザイン性も大きく変わるので、必要に応じ拡大図、割付図を作成すること。

第5章　門廻りの設計　109

47 シャッターゲートに隣接する門廻り

　門廻りとカースペースが隣接する場合において、カースペースの扉の高さが1000〜1200mm程度の場合はさほど問題がないのですが、巻上げ式シャッターゲート（全高2700〜2900mm程度）や折戸式ゲート（全高2300mm前後）を設置する場合、門柱など門廻りとの高さのバランスをどう処理するかがデザイン上の大きなポイントとなります。

　道路と宅地にある一定の高さ（1200〜1500mm以上）がある場合は、門廻りの位置を敷地設計GLに近いところで考えることもできますが、高低差があまりない場合などは門廻り近辺のシャッターゲート等との高さの落差を解消して、バランスの良い壁面構成をすることが大事です。

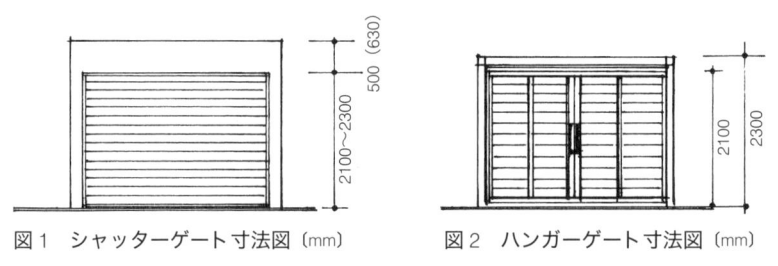

図1　シャッターゲート寸法図〔mm〕

図2　ハンガーゲート寸法図〔mm〕

※大まかな目安として、詳細寸法はカタログ等を参考にしてください。
　（　）内は間口が2台分W5000の場合

　門柱壁の一般的高さは1400〜1600mmですので、ゲートとの段差が1000〜1500mm程度生じてきますので、アーチ、化粧梁、植栽などの効果的な組み合わせが必要といえます。

❖ アーチ・化粧梁の例

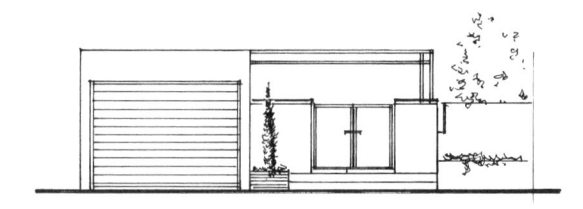

シャッターゲートにH鋼を組み合わせたデザインです。アーチ門をシャッターボックス天端（または下端）に合わせることにより、すっきりと横のラインが強調されています。

❖ 高木植栽の例

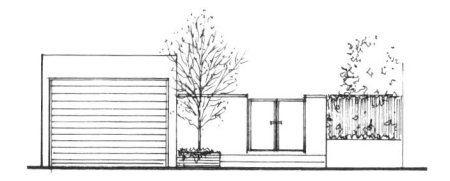

シャッターゲートに隣接する門壁の幅に余裕を持たせることにより、シャッターと門壁の高さの解消のための高木植栽スペースが確保できます。

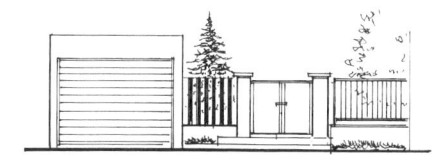

門廻りの後ろに高木植栽を配しているケースです。シャッターゲートと角柱との間は大きめのスリットか柱建てみたいな感じで、樹木が見えるような処理が望ましいです。

RC造のシャッターゲートからつながっていく高いRC塀の威圧感解消のために、前面に植栽スペースを設けたり、細長いスリットが数ヶ所効果的に配されています。

タイル貼の門柱及び曲線の門壁とシャッターゲートの間に高木を配し、全体のバランス感を取っています。

point

＊シャッターゲート等に隣接する門廻りは高さの違いをどうバランス良く見せるかが重要で、門廻り、階段の位置などを含め、トータルな検討が必要。

48 屋根付き門の考え方

　建物の洋風、和風にかかわらず屋根がかかっている門廻りは、やはりそれなりの重厚感、グレード感のある雰囲気を醸し出していて、一般的にはクローズ外構の塀やカースペースに隣接しています。以前は建築工事の一環として屋根付き門や車庫からの延長線として処理されているケースも多かったのですが、エクステリア工事として扱うケースも増えてきています。

　屋根をかけるということは、屋根の形状、構法、柱、梁などのサイズ、断面形状など構造的なチェックも必要になりますし、屋根の大きさにより建築面積算入など法的な部分もありますので、慎重な対応が必要になります。

❖ デザインの進め方

　平面計画の段階で門廻りの位置が大まかに固定されたら、門の開口部、袖壁を含めた寸法を検討しながら、屋根の大きさ、形状と開口部の高さと幅のバランスなどを考えていきます。また、カースペースなどが隣接する場合、カースペースの扉、構造物などの形状、高さ、仕上げを配慮しながら全体計画をまとめていきます。

　構法的には木造、RC造、鉄骨造などありますが、門だけが単独なのか、カースペース構造物との取り合いを見ながら決定していきます。和風門などの場合は一般的には木造ですが、RC造で屋根だけ木造にもできますので、自社の施工能力、施工体制とも合わせ方向付けしてください。

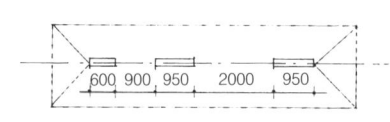

①平面レベルでの開口部（最低でも1800mm以上）と両袖の壁の幅（最低でも900mm以上）を確保しながら、必要に応じ通用扉も考えます。屋根形状、軒の出のバランスも大まかに検討します。

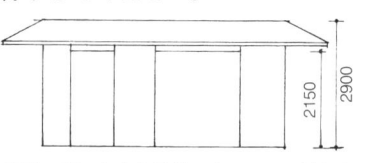

②開口部の高さは最低でも2100mm以上の確保はしてください。立面段階で各部の仕上げを建物仕様にも配慮しながら、一体感のあるものにしてください。壁面が高いので、表札、ポスト等のバランスにも充分配慮してください。

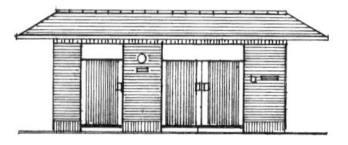

③完成立面図

図1　屋根付き門のデザインフロー（mm）

W	200mm	D13　@ 200　ダブル
S	150mm	上端筋　D13　@ 200 下端筋　D10　@ 200
G	300 × 400	上端筋　3 − D19　下端筋　3 − D19 幅止め筋　2 − D13　St　D10　@ 200
FG	600 × 900	上端筋　4 − D19　下端筋　4 − D19 幅止め筋　2 − D13　St　D13　@ 150

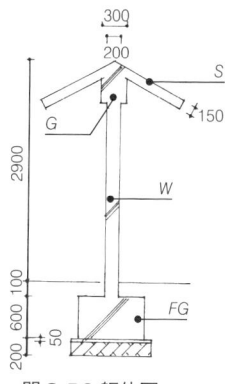

図2　門のRC躯体図

❖ 現場事例

陸屋根タイプのがっしりとした重厚感のある門で、RC塀のリブ材入りハツリ仕上げを陸屋根見え掛り部まで延長し、一体感を持たせています。

車庫スラブからつながる門の屋根の一部をくり抜き、樹木を効果的に配していますし、陸屋根のデザインに半円形を取り入れ、柔らかさを表現しています。

車庫ゲートと同じ勾配の半切妻タイプの屋根を持ち、壁面の開口部を門扉の幅より広く取ることにより、開放感を持たせています。

point

＊屋根付き門もシャッターゲート同様の高さ（H2500 〜 2900mm）が必要なので、隣接する塀との高さのバランス感及び開口部の高さ、幅に配慮。

第5章　門廻りの設計

49 ガスメーター、会所桝などの処理方法

　エクステリア計画を進める視点の一つとして見せたいものをどううまく演出して見せるかと、見せたくない、見られたくない部分をどう隠すか、視線をどう別の方向にそらすかということがあげられます。建物の周囲には場合によっては建物と似合わないカーポート屋根や無造作に設置されたガスメーター、門廻りやアプローチ周辺に点在する汚水、雨水桝などがあり、見て違和感を覚えたり、綺麗でないこれらを総称して「視覚的不快障害物」と位置付けます。

　共同分譲などで街並み計画を進める場合はこのあたりにも充分配慮して進められますが、戸建住宅となるとなかなかそこまでできませんので、エクステリア計画時に建築及び設備業者等との綿密な打合せやちょっとした気配りが必要になります。

❖ 共同分譲等による事例

　当初からカーポート設置を想定して、カーポートの屋根を目立ちにくくするゲートの造設やガス、電気、水道など、検針メーターを一ヶ所に集中させた検針ボックスの設置など街並みという視点で対応しています。

カーポートの屋根が見えにくいように、シャッターボックス周辺及び化粧梁からつながる門廻りを板材で処理しています。

図1　カーポートの屋根を目立ちにくくした事例

❖ ガスメーター事例

　ガス引き込み位置とメーターボックスの設置予定場所等は事前打合せの後に、できるだけ図面に表示することにより対応ができます。

ガスメーターが全体のなかで異様に目立ってしまっています。　　　煉瓦の隙間をうまく利用した検針部

図2　ガスメーターの事例

❖ 汚水桝、雨水桝

　現地調査時に最終桝の位置はプラン内容に準じて精度の高い調査をしてください（例えば、当初から最終桝がカースペースの土間周辺と門廻り、アプローチの位置周辺では大きく異なります）。途中の中継桝等についても可能であれば、エクステリア計画図に沿える部分はその形で埋設してもらうなど設備業者と充分なすり合わせをおこなってください。

最終桝を花壇の高さまで嵩上げして、ガスメーターも同じスペースに収納しています。　　　最終桝、水道メーターボックス、止水栓などを一ヶ所に集中させて、擁壁の一部をスラブにて囲い込んでいます。

図3　最終桝を目立ちにくくした事例

　最終桝は多少の嵩上げは可能ですが、本管接続との関係で位置の変更は簡単にはいきませんので、植桝のなかに取り込むなども一つの方法です。

❖ 水道メーター、止水栓

　止水栓の移動は道路からの引込の関係上、基本的には無理ですが、メーターボックスの位置は多少の移動も可能ですので、できれば当初からあまり目立ちにくい場所への設置が望まれます。

> **point**
> ＊ガスメーター、会所桝の位置がせっかくの門廻りの雰囲気を壊す場合もあるので、関連設備業者と設置場所などの事前打合せを確実におこなうこと。

海外のエクステリア⑤
イスラエル

　イスラエルはパレスチナ問題を含め、国内情勢が戦時下という緊迫した状況から見ると、住宅建設以外の社会資本の整備を含め、まだまだ多難な環境下にあるといえます。そういうなかで住宅とかエクステリアという視点で見るのは一般的には少ないと思いますので、あえてその一部を紹介したいと思います。

　建物はかなり古い重厚な石造りから近代的なデザインのものまで実に多彩といえます。エクステリアの視点で見ると、石塀等が圧倒的に多く見られ、壁面やアーチ状の蔓性植物や壁面プランターなど、緑もうまく組み合わせているという形も多く見られます。

✤ エルサレム周辺の住宅、他

石造の建物に合わせた石の門柱と装飾性のある鍛鉄の門扉のエクステリアです。石の仕上げも建物の壁面とは変えて割肌風で処理されていますし、門のアーチとして用いられているブーゲンビリアの花が印象的です。

石造の建物壁面を隠すほど拡がったヘデラヘリックスが門柱を隠すほど拡がっています。門柱照明の「3」という数字が番地なのか、デザインなのか良くわかりませんが興味があります。

某大使館のフロントエクステリア部分です。建物の白い壁とコーディネートされた大き目の角柱と低い壁がすっきりとした建物との一体感を演出しています。フェンスの上部に覆いかぶさるような緑が白い建物と門廻りのなかで、一層映えて見えます。

第6章
階段・アプローチの設計

50 アプローチ階段の幅、高さ、位置等の考え方

　アプローチとは一般的には門廻りから建物玄関までの通路の部分をいい、門廻りと同様に街並みにつながるフロントエクステリアの一部であり、そこに住む人を印象付ける大切な空間といえます。門廻りのスペースがその家を訪れる人との最初の接点であり、そこから玄関に向かうまでのアプローチにはさまざまな工夫が必要になります。敷地の広さや玄関までの距離に応じて、「長いアプローチをいかに短く見せたり」「短いアプローチをいかに長く見せたり感じさせたりするか」、また、建物開口部に対する視線のカット、アイストップ等も考慮し、単調なデザインにならないことが大切です。

　アプローチ、階段の計画で要求されるもう一つの部分は歩きやすいとか、滑りにくいなどの安全性です。いくらデザイン性が高くても安全面がクリアできていなければ駄目ですので、材料の選定には充分な注意が必要です。特にメインアプローチなどの場合は、弱者対応を含め誰にでも優しいという視点から、平板、飛石などはできるだけ避けた方が望ましいです。また、床面の仕上げ高さはGL（地面の高さ）から2〜3cm前後高くするのが、水処理や見栄えの面からも一般的といえます。

❖ アプローチの幅

　敷地の大きさ、アプローチ廻りの構造物の高さにもよりますが、アプローチの幅は一般的には900〜1200mmを標準とします。敷地が狭ければ900mm前後でも大分広い感じがしますし、広い敷地では狭いという感じになりますので、むしろ1200〜1500mmは欲しいところです。

AとBとのバランスを考えます。
Aだけが広くても、Bばかり広くても格好が悪いので、使い勝手も考えて幅を設定します。

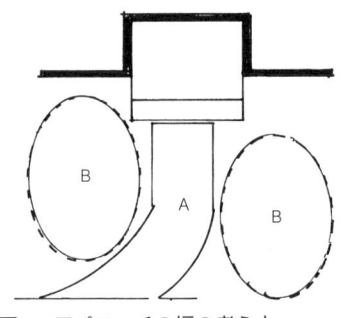

図1　アプローチの幅の考え方

❖ 階段の幅、高さ

　階段の両袖には擁壁などの構造物がある場合が多く、圧迫感もありますので、アプローチ幅よりはやや広めの1200〜1500mmくらいで設定する方が望ましいです。アプローチが900〜1000mmであれば、階段は1200mm前後は欲しいところです。また、階段の両袖が法面処理などで空間の拡がりがある場合などは、同寸法でも支障ないと思われます。

　階段の蹴上げ（高さ）は、一般的には150〜180mmくらいといえますし、高さが低くなれば、踏面（階段幅、一般的には300mm）を少し広げてやれば高齢者にも優しい階段となります。

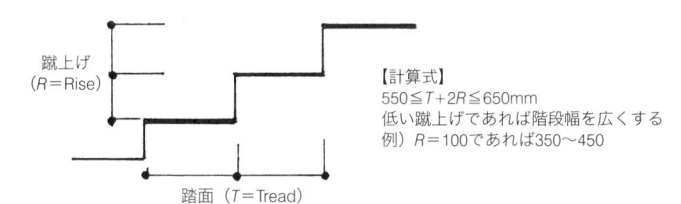

【計算式】
$550 \leq T + 2R \leq 650\,\text{mm}$
低い蹴上げであれば階段幅を広くする
例）$R = 100$であれば350〜450

図2　階段・蹴上げの計算の考え方

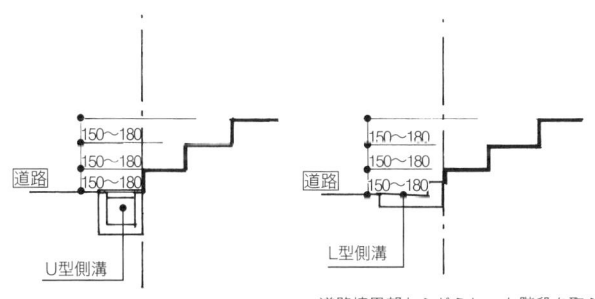

道路境界部からどうしても階段を取らざるを得ない場合は、L型側溝の底部からの蹴上げ寸法によって考えてください。

図3　U、L型側溝の階段の考え方（mm）

> **point**
> ＊階段・アプローチの幅は敷地の大きさによって変わるので、特にアプローチと隣接する部分のスペースとの関係に配慮することが大事。

第6章　階段・アプローチの設計

51 アプローチデザインの基本的パターン

　アプローチの通路のデザインには基本的なパターンがあります。もちろん、敷地の形状や建物の配置、門廻りの扉の位置等により大分変わってくる部分もありますが、基本的なパターンとデザインの特性を知ることにより、個々の現場状況に応じた最適なアプローチデザインにつなげることができます。

❖ **直線**

　直線のアプローチは一般的には避けるケースが多いのですが、それはデザイン的にも単調になるのと玄関周辺がストレートすぎて、場合によっては来訪者から家の中まで視線が入ってしまうという理由からです。しかし、シンメトリーなデザインを持つ輸入住宅や高低差のある敷地、狭小地のアプローチなどで使われることがあります。デザイン的には単調になりやすいので、門廻りも重厚感のあるシンメトリーな角柱による構成とか、土間の仕上げや材料の組み合わせ、アプローチ左右に植栽などの効果的な演出が望まれます。

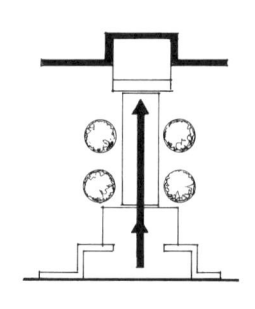

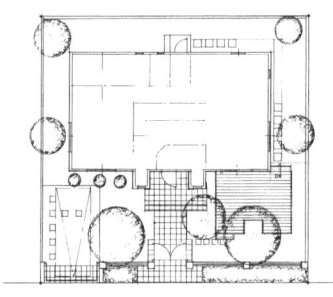

図1　直線のアプローチ計画例

シンメトリーなデザインの建物の玄関ポーチに向かってシンプルに直線方向のアプローチ計画です。

❖ **S字**

　S字型のアプローチは曲線の持つ柔らかさ、エレガントさなどから明るい洋風住宅やカジュアル、ナチュラルなイメージを好む建築主に向きます。綺麗でスムーズな曲線を出すためにはある程度の距離も必要となりますし、特に門廻り周辺は門扉の幅、門袖などの長さを合わせると約2000～2800mm近くになりますので、その幅から1200mm前後のアプローチ幅に絞り込みますので、スムーズなラインや半円形との組み合わせなどの一工夫が必要になり

ます。仕上げ材としてはタイル、煉瓦などは切物がでたり、目地通りが悪くなりがちですので、できれば避けてください。

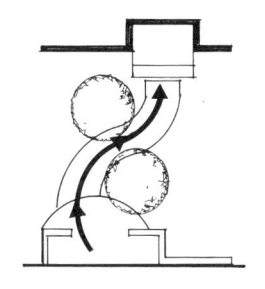

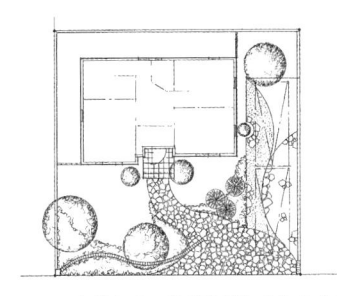

カースペースの土間との一体感を持たせた大きなS字状の石貼のアプローチ計画です。

図2　S字型のアプローチ計画例

❖ クランク

　直線で構成されているために少し堅い感じを受けますが、フォーマルな整然としたデザインです。視線の角度が直角で大きく変わっていくために、植栽によるアイストップやちょっとしたアイポイント等の何らかの仕掛けが必要になります。素材的には煉瓦、タイル、石貼などすべてに対応でき、納まりも問題は少ないといえます。

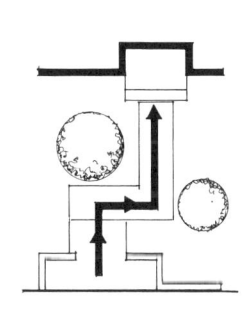

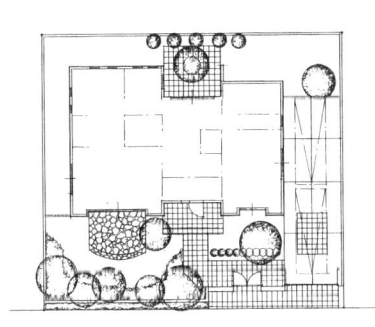

建物側へのアイストップを兼ねた生垣を正面に、門廻りにゆとりを持たせながらの左方向へのクランクのアプローチ計画です。

図3　クランクのアプローチ計画例

> **point**
> ＊アプローチの取り方、方向性は建物外観デザイン、玄関位置などをトータルに判断して、基本パターンをベースに単調にならないように仕掛ける。

第6章　階段・アプローチの設計

52 アプローチデザインの形状、材料の組み合わせ

　アプローチデザインは基本的パターン（直線、S字、クランク）はあるものの、現実的には敷地に応じた形でフレキシブルに組み合わせたりしながら展開されていきます。共通しているのは、アプローチ周辺とどう一体感を持たせるか、アプローチの方向性をより強く感じさせながら誘導できるか、単調さを解消しどう変化を持たせるか、必要な部分に対してのアイストップをどう処理するかなどを考えながらのデザインが必要といえます。

❖ 形状の組み合わせ

　同じ直線方向でも土間の形状を変えたり、ずらしたりすることにより単調さが解消され、そこに変化が生まれます。また、アプローチの部分だけでなく、隣接する部分とのつながりを持たせるように、枕木、石など他の素材を組み込ませることにより、隣接部と一体の形状のシーンの演出もできます。

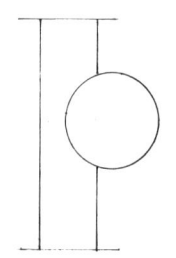

円と直線アプローチの組み合わせで、円形スペースは多目的にも利用可能です。

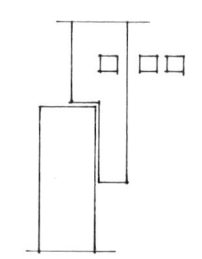

直線アプローチを少しずらしたり、平板をアプローチに組み込ませているデザインです。

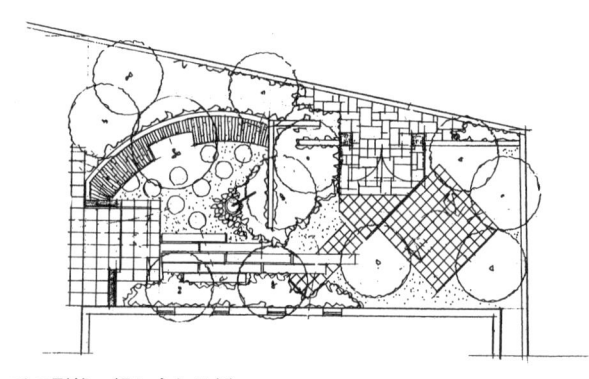

図1　アプローチの形状、組み合わせ例

❖ 材料の組み合わせ

　単一の材料だけで仕上げるものもすっきりした感じで仕上がりますが、コストパフォーマンスからも価格の高い材料を効果的に散らしたり、石・枕木・平板等と洗い出し仕上げなど他素材とのコンビネーション効果を演出したりします。同じ材料でも御影石などは表面仕上げ（たとえば、本磨きとバーナー仕上げ）を変えたり、同じタイルでも色番を変えたり、サイズ（100角と200角他）を組み合わせたりすることにより効果的な演出ができます。

　門廻りから玄関までの誘導という側面からも、さまざまな仕掛けが可能です。曲線に沿った形での他の素材やソーラータイプ、LEDなどの埋込灯はあたかも空港の誘導灯みたいに来訪者や帰宅した家族を暖かく家の中に導いてくれます。

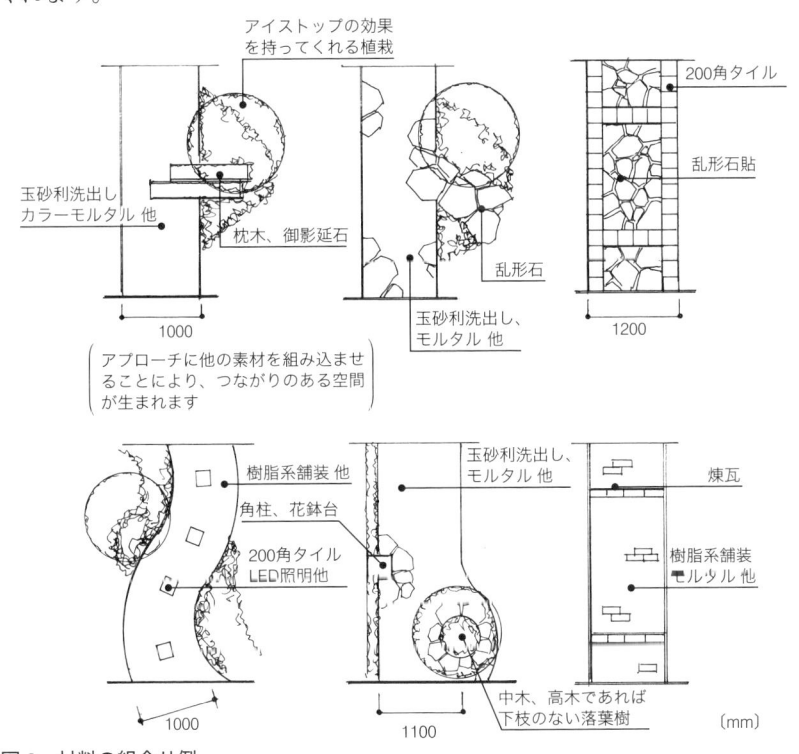

図2　材料の組合せ例

> **point**
> ＊アプローチの単調さを解消し、変化を持たせるためには、素材の組み合わせを工夫し隣接する部分とのつながりを持たせることが効果的。

第6章　階段・アプローチの設計

53　玄関ポーチ、アプローチ取り合い

　建物の大きさにもよりますが、玄関ポーチの幅は一般的には1500〜1800mm前後はあります。初めてエクステリアプランを考える時にアプローチ幅と玄関ポーチの幅との兼ね合いや方向性、アプローチの中心をどこに合わせていくかなどに迷う場合もあります。玄関扉がポーチの中心であれば特に問題はありませんが、扉の位置が中心からずれている場合でも一般的にはポーチの中心での割り付けの方が綺麗といえます。玄関ポーチには2〜3段のステップが増設されていますので、基本的にはこのステップに対して、アプローチの方向性が一致する形で考えてください。特に玄関ポーチ部屋根の袖壁、柱などがある場合はステップ位置からの動線が基本となります。

　玄関ポーチの形は一般的には矩形（長方形）とされていますが、建物のデザインによっては半円形や三角形などの形も見受けられます。

　最近はアプローチデザインに玄関ポーチのデザインを合わせていくという

曲線のアプローチも玄関ポーチとの取り合いは、少しでも直角方向に入れます。

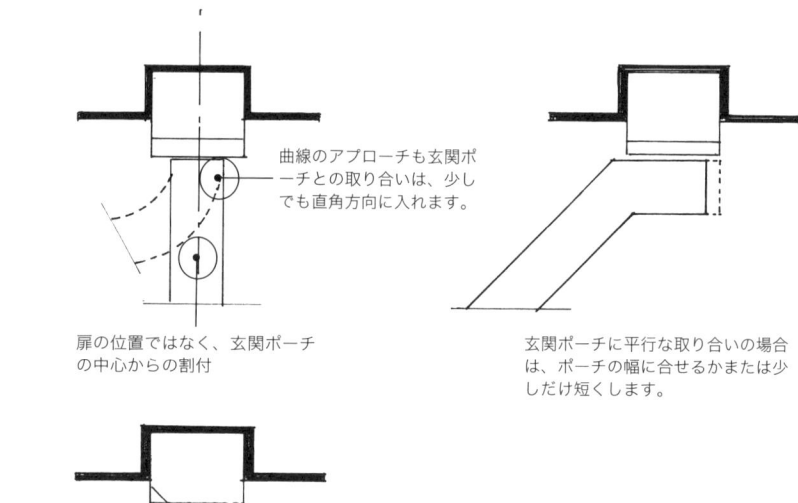

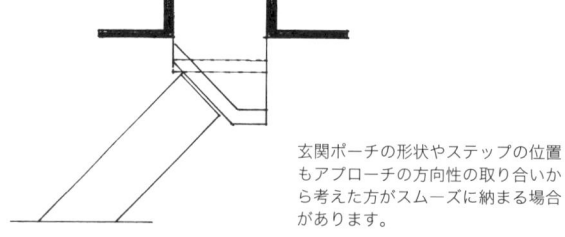

扉の位置ではなく、玄関ポーチの中心からの割付

玄関ポーチに平行な取り合いの場合は、ポーチの幅に合せるかまたは少しだけ短くします。

玄関ポーチの形状やステップの位置もアプローチの方向性の取り合いから考えた方がスムーズに納まる場合があります。

図1　玄関ポーチとアプローチの取り合いの考え方

傾向や玄関ポーチの下地、仕上げは建築業者ではなく、アプローチ部分との取り合い、方向性を考えてエクステリア業者での施工を希望される建築主も増えています。

　もちろん、建物とエクステリアをトータルデザインとして位置付けしていけばアプローチデザインに沿った玄関ポーチのデザインというのも何ら違和感もありませんし、むしろ、その方が納まりも良くなってくるといえます。

　特に高低差のある狭小地などで、建物と道路との間にあまり余裕がない場合などは、アプローチ、階段の方向性から玄関扉の開き勝手などを考えていかないと、場合によっては使い勝手の悪いアプローチになる場合もあります。

　建物が完成してしまった後ではどうにもならない部分もありますし、必要に応じ建築サイドとの充分な調整が大事です。

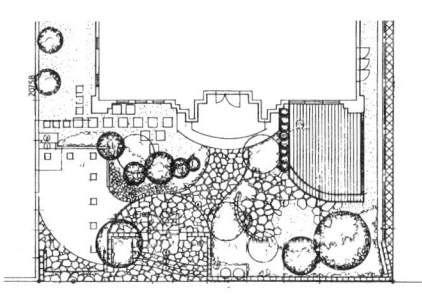

曲線を多用した土間デザインに合わせて、玄関ポーチも半円状のデザインに変更されています。

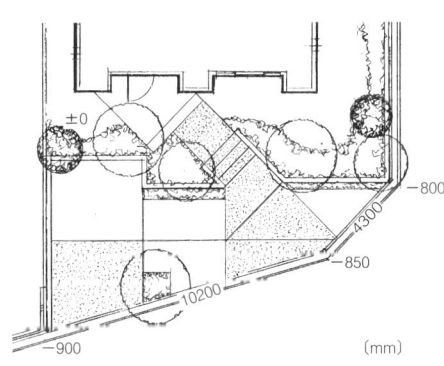

車2台のカースペース確保のためには、通常の玄関ポーチ及びステップでは対応できないために、ポーチ形状を変えています。

図2　アプローチデザインに沿ったポーチのデザイン

point
＊玄関ポーチに対してアプローチの方向性を考えると同時に、双方向に玄関ポーチ側からのアプローチ周辺に対してのシーンの演出も大事。

54 バリアフリー対応アプローチ(スロープ対応)

エクステリア計画におけるバリアフリー対応といえば、段差のないスロープ処理があげられ、最近の建築主の要望としても「今は必要ないのだが、将来に備えて」というケースや、二世帯住宅における高齢者同居という視点からも年々リクエストが増えてきています。

ただ、スペースの関係でゆとりのある勾配が取りにくいのも現実ですが、基本的な車椅子対応スロープに対する知識に基づいた建築主との対応が必要になります。特に高低差のある場合などはスロープのみではなく、段差昇降機やリフトなどの併用も合わせて検討していくことが必要になります。

❖ 車椅子のサイズ

車椅子本体の幅は630mm以下（JIS規格）で、通過するだけならば計算上有効幅員650mmで良いことになりますが、両側のハンドルリムを掴むために手の甲、肘が出るために、実際的な幅員では800mm以上が必要です。通行時に壁面やドア枠、あるいは対向者とのすれ違いを考慮すると、1台の幅員としてさらに50〜100mm程度の余裕スペースを両側に設けたいところです。

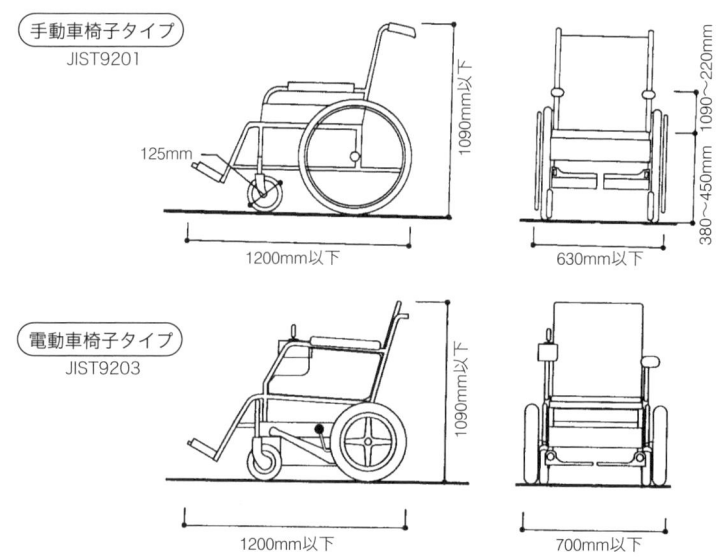

図1 車椅子のサイズ（手動、電動）(出典：高橋儀平『高齢者・障害者に配慮の建築設計マニュアル』彰国社)

❖ スロープ設置のポイント

　敷地と建物において車椅子利用者の動線をどう考えるかで、スロープの設置位置が変わることは言うまでもありません。門廻りから玄関までででは無理でも、カースペースからでは可能な場合もありますので、スロープの始点と終点をどう設置するかは、敷地に応じた形での検討が必要になります。

　また、高齢者や障害者といった利用者の状況、電動か手動かという車椅子の種類、介護者の有無などを踏まえたうえでのスロープの設定が望まれます。

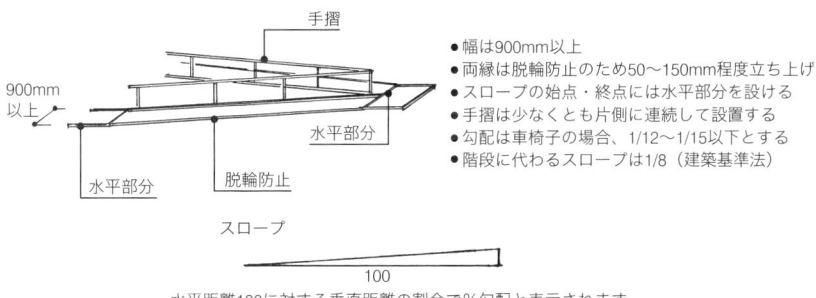

- 幅は900mm以上
- 両縁は脱輪防止のため50〜150mm程度立ち上げ
- スロープの始点・終点には水平部分を設ける
- 手摺は少なくとも片側に連続して設置する
- 勾配は車椅子の場合、1/12〜1/15以下とする
- 階段に代わるスロープは1/8（建築基準法）

水平距離100に対する垂直距離の割合で％勾配と表示されます。
1/12＝1÷12＝0.0833≒8.3％

図2　スロープの形状

　車椅子の方向が変えにくい時や、スロープ勾配に余裕が取れない時などでも、介護者がいる場合は、蹴上げを低くおさえて、踏面の長い階段スペースとすることにより対応できる場合もあります。

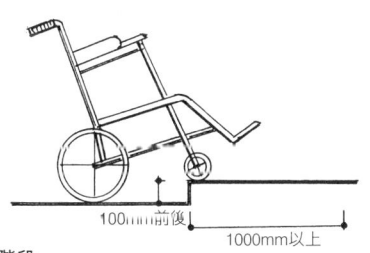

図3　車椅子対応の低い階段

point

＊スペースの関係で1/12〜1/15は取りにくくても、少なくとも1/10程度のスロープや10cm前後の低い階段等の検討が必要。

第6章　階段・アプローチの設計

55　バリアフリー対応段差昇降機

　高低差がかなりある場合（敷地の広さにもよりますが70～80cmから1m以上）はスロープでの車椅子対応を考えればかなりの距離が必要といえます。例えば、1/12勾配（8.3％）の場合、道路と敷地の高低差が1mであれば12m必要ということで、敷地から玄関ポーチまで約40cmくらいの段差があれば、あと5m弱が必要になり、一般的な宅地では17mくらいの距離をスロープ処理するということは、門廻り、カースペースなどの全体計画のなかではなかなか困難といえます。

　そんな場合でも道路から玄関までの段差解消などに有効な屋外段差解消（昇降）機を設置することにより、車椅子に乗ったままでの昇り降りが可能となり、誰でも安心して快適に暮らせる外部空間としての対応ができます。

❖ 車椅子用昇降機

　昇降機の種類も高齢社会到来による介護、福祉の充実とも相まって、以前に比べると商品の内容も充実し、さまざまなサイズ、デザイン性、方向転換などの機能、設置方法などを持つものが増えています。昇降機（ストローク）も高いところでは2m弱までの対応も可能な機種もあり、段差に合わせた設置ができます。設置スペースとしては機種にもよりますが、少なくとも1000×1500mm程度は必要といえます。

　また、将来的な設置を前提としたスペースの確保という意味からも、当初は植栽スペースや自転車置場などとした計画も望まれますし、玄関ポーチの側面等に設置予定の場合などは、掘削工事に対処できる形での深基礎など建築サイドとの事前打合せにも配慮が必要になります。

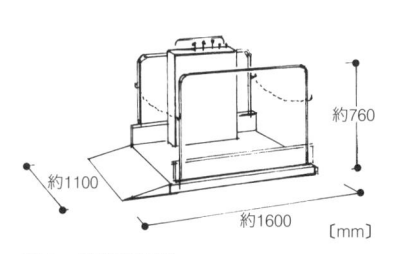

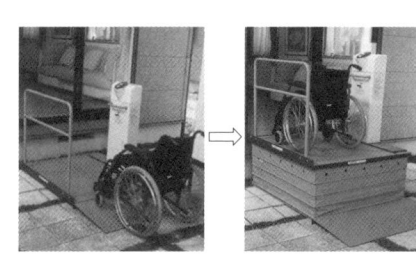

図1　段差昇降機
※サイズ、昇降高ともさまざまなタイプがありますので、敷地の状況に合わせての選択ができます。

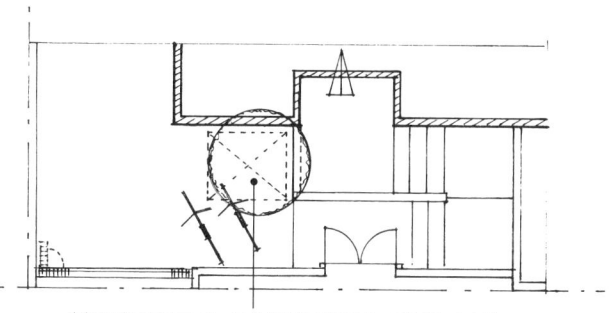

当初は高木植栽スペースや自転車置場として使用しますが、
将来的には段差昇降機の設置スペースに予定

図2　段差昇降機の設置を前提としたアプローチ計画

❖ 屋外用段差昇降リフト

　車椅子使用者ではなくても、長い階段は足腰に不便を感じている人や高齢者にとってはかなり負担がかかり、日常の外出さえ苦痛になる場合があります。階段の蹴上げを低くしたり、途中で踊り場の造設、持ちやすい手摺などを併用して、椅子式昇降リフトを設置するのも人に優しいエクステリアといえます。椅子式昇降リフトは収納時に約500mm、作動時には約700mm程度のスペースは必要となりますが、使わない時は折りたたむこともできますし、階段形状に合わせてのレール加工により通常の幅1200mmくらいの階段でもそんなに場所も取りません。

図3　昇降リフト設置事例　(写真提供：INAXエクステリア住彩館)

> **point**
> ＊将来に備えるという視点では、段差昇降機の設置スペースの確保が望まれるが、設置に際し、他の構造物等が妨げにならないような計画が大事。

第6章　階段・アプローチの設計

56 階段、アプローチの素材別対応

階段、アプローチに使用される素材は、壁材としても使用されるケースが多いのですが、総称して土間材とか舗装（pave）材ともいわれます。以前は、煉瓦などは同じ材料を壁にも土間にも使用していたのですが、輸入煉瓦やさまざまな形状の煉瓦の導入により、最近は壁用（組積、Brick材）、土間用に分かれているものも増えています。土間材も他の商材と同様に、輸入石材、煉瓦、コンクリート二次製品等の豊富なバリエーション、品質を持つものが増えていますが、歩行性、施工上の納まり、材料特性に配慮された素材、商品の選択が必要といえます。

❖ デザイン面からの材料選定

歩行性が良くて滑りにくい、汚れや付着物が除去しやすいような材料であれば、土間材としては特に問題はありませんが、デザインによっては納まりの悪くなる材料もあります。直線を基調としているデザインの場合、すべての材料が可能ですが、曲線の場合は、煉瓦、タイルなどは切物や目地通りが悪くなりがちですので、できるだけ避けてください。

❖ 材料別のポイント

1 石材

以前は御影石や丹波鉄平石、鉄平石などの硬質の火成岩を用いられるケースがほとんどでしたが、最近は石灰岩や石英岩の明るい色調の輸入石材が増えています。火成岩系は硬質ですので経年変化も少なく、いつまでも綺麗ですが、石灰岩系でしたら酸にも弱く退色したり、層状剥離しやすい特性があ

図1 石灰岩系他輸入石の乱形貼
石の色味、大きさなどのバランスが大事で、多少の目地幅の違いより目地の色もポイントです。

図2 丹波鉄平石、鉄平石等の乱形貼
石のバランスと共に目地幅（6〜9mm程度）を合わせていくのがポイントで、石工として専門的技能が必要です。

ります。また、貼り方も目地の取り方などが微妙に異なりますので、そのあたりの事前の説明が必要といえます。

御影石などはさまざまなサイズに加工された小舗石（基本サイズ 90 × 90 × 90）、延石、板石などがありますし、デザインに合わせサイズも加工できますので、オリジナリティのある土間デザインのアイテムといえます。

2 煉瓦、タイル

煉瓦もさまざまな規格、形状のものがありますので、煉瓦のどの部位を表面仕上げとするか、目地を取るか、ツキ付け処理とするかにより、下地の断面処理からコストまで変わってきます。煉瓦に限らず他の土間材も最近はさまざまな規格、形状がありますので、歩行者、車道用など使用場所に配慮された材料選択が必要といえます。また、輸入煉瓦等によっては焼成温度が低くて吸水率の高い多孔質のものもあり、凍結障害による割れ、剥離などの不具合が出る場合がありますので、寒冷地などでの使用の際は、充分材料選択に注意してください。

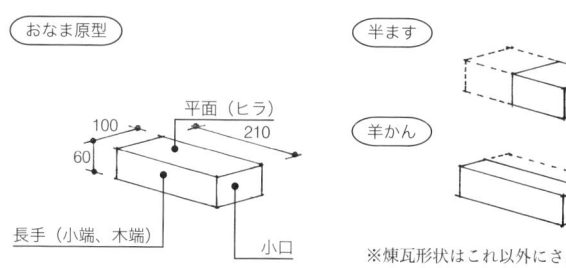

※煉瓦形状はこれ以外にさまざまなものがありますので、施工部位に合わせた材料の選択が望まれます。

図3　普通煉瓦 JIS 規格〔mm〕

3 その他、材料

土間材及び仕上げ方法としては、石材、煉瓦、タイル以外でも擬石風平板から半円、円形サークルなどの各種コンクリート二次製品、モルタル押えから洗い出しなどの各種左官仕上げ、樹脂系舗装、表層スタンプ工法など、多くの材料、仕上げなどがありますので、デザイン面、コスト面などに配慮しながらの材料選定をおこなってください。

> **point**
> ＊階段、アプローチの素材の選択にあたっては、滑りにくく、歩行性に優れていると同時に、デザイン上の納まりに対応しやすい材料選択が大事。

57 高低差のある階段、アプローチの考え方

　高低差のある宅地という場合、どの程度の高さを持って規定するかは明確にはいえませんが、一般的にはH1.5～2.0m以上の高低差の場合を指し、建物床高等の計画次第では、建物の下に掘込み式車庫の計画も可能な宅地といえます。そのために階段、アプローチだけでなく、隣接する車庫スペースとの一体のデザインの考え方が求められます。また、すでに階段等が造設されている場合でも、門廻りを階段の上り口近辺に設置するのか、上がりきったところに設置するのか、使い勝手も含め充分な検討が必要になります。

❖ 階段等が既設の場合

　土留部分がRC擁壁と間知石などの練石積の場合や、門廻りの扉の必要の有無、階段の段数等によっても変わりますが、居住者の利便性から見ると、門廻りの機能は階段を上りきったところに持たせる方が良いといえます。

　オープン外構の場合はポスト以外の門廻りの機能（表札、インターホン）は道路面に近い階段の上り口周辺に設置し、新聞、郵便物は建物に近い位置での対応が望まれます。クローズ外構の場合、門廻りの機能が扉周辺に集中しますので、階段周辺スペースと全体デザイン、利便性について建築主の意向を踏まえたうえでの計画が望まれます。

図1　階段上部門廻り位置　　図2　階段下（道路面）門廻り位置

❖ 階段等が新設の場合

　通常のゾーニングと同様に車のスペースを固定していき、宅地との高低差によっては掘込み式車庫のケースも考えていきます。門廻りの位置も一般的には、車庫の近くが動線上及び全体デザインの面からも納まりやすいといえます。

①カースペースの決定
②門廻りの位置、階段、アプローチの位置の決定
　大まかな門廻りの位置から門廻り、階段、アプローチの全体水平距離を算出し、階段、アプローチのデザインの方向性を求める
　階段の段数の決定（段数×300mm）・門廻り（扉の開閉＋約1000〜1200mm）
③建物玄関と階段、アプローチの必要な距離をもとに、プランの方向性の決定

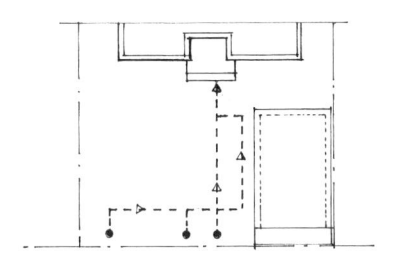

車庫位置決定の後、門廻りの位置と階段、アプローチの方向性を検討します。コスト、見栄え、機能性（車庫出入口、門の位置）のトータルな判断が望まれます。

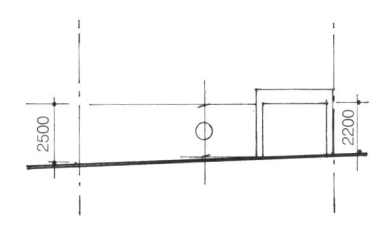

門廻りの大体の位置、高さから階段、アプローチの水平距離などを考えながら、立面、平面と同時に考えていくことが大事です。むしろ、高低差がある場合は、立面からの方向付けがより必要といえます。

大まかな立面を作成しながら、擁壁の威圧感解消、門廻りの高さのバランスなどが取れるように、平面計画にフィードバックしていきます。

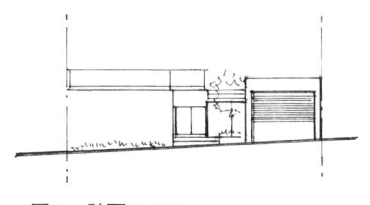

図3　計画のフロー

❖ 安全面、他

　安全のための照明、手摺等の設置は言うまでもありませんが、長い階段等の場合は単調になりがちですので、変化を持たせるという意味でも踊り場の造設や段鼻と踏面の仕上げ材を変えて階段の位置をわかりやすくすることなどに配慮することにより、デザイン面の効果だけではなく使う人に優しい計画となります。

point
＊高低差のある場合は、平面計画より立面計画を先行させながら、門廻りの位置、階段の取り方、全体のバランス感を見て平面計画の方向付けが大事です。

58 扉の開き勝手と直角、曲線部階段納まり

1 扉の開き勝手

　クローズ外構などで開閉式の門扉を用いる場合において、親子扉（開き）は扉を固定する「落とし棒」の設置位置は必然的に小さい扉と固定されますが、両開きの場合は左右どちらの扉にでも固定することができます。落とし棒で固定されていない扉が通常の開閉扉となる訳で、一般的には右利きの人が多いということもあり、右勝手（右側の扉を開く）によって設置されます。門廻りで扉の開閉半径＋500〜600mmくらいが標準といえ、扉を開いたスペースに余裕があればあまり問題はないのですが、階段、アプローチの方向性により扉を開いてから身体をかわすというスムーズな動きができにくい場合も見受けられます。

　エクステリア業者のほとんどが自社設計施工という業態を取っているなかで、結果として、図面精度の不備を現場でカバーするという側面が強く残っていることが図面上のディテールを含めた設計品質の向上の阻害要因であるともいえます。図面上に開き勝手の指示を入れることにより、建築主との打合せ時に説明し、合意することもできますし、現場でどうにかしてくれるだろうということからの脱却が望まれます。

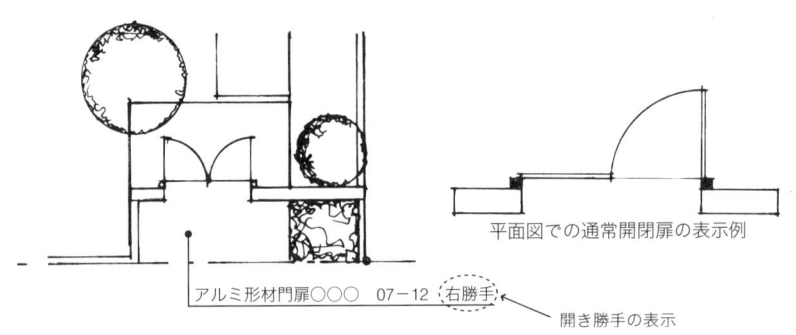

図1　開き勝手の図示

2 直角、曲線部階段の納まり

　階段が直角に廻りながら上がる場合、余裕があれば踊り場として残しますが、階段スペースが少なければどうしてもそこで階段を2〜3段計画しがちですが、段鼻部がコーナーに集中してしまい、特に煉瓦の小端立などは施工

上の不具合が出てきますので、段鼻部が重ならないような計画が必要になります。煉瓦の小端部分は少なくとも210mmはありますので、階段蹴上げ寸法（150〜180mm）からしてもカット加工が必要になりますし、構造的にも煉瓦の上に乗ってしまう形になり、安定も悪くなりますので、図面作成の時に気をつけてください。

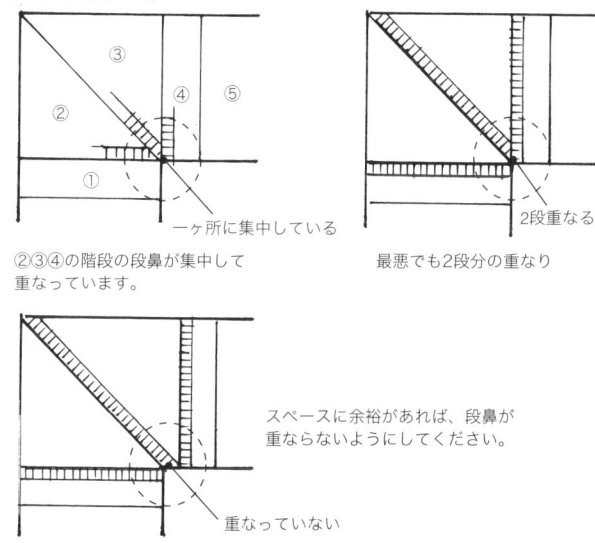

②③④の階段の段鼻が集中して重なっています。　　一ヶ所に集中している

最悪でも2段分の重なり　　2段重なる

スペースに余裕があれば、段鼻が重ならないようにしてください。　　重なっていない

図2　段鼻部の計画

階段の土留が曲線で処理されている場合も、階段をどの角度で計画するかによって上り下りに不便さとまでいかなくても違和感を感じる場合があります。基本的には進行方向に対して直角方向というか、内側のアール中心から放射線上の計画がスムーズに歩きやすい曲線部の階段処理といえます。

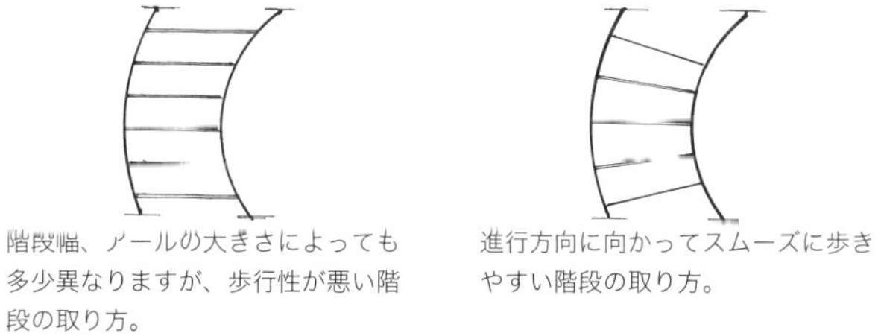

階段幅、アールの大きさによっても多少異なりますが、歩行性が悪い階段の取り方。

進行方向に向かってスムーズに歩きやすい階段の取り方。

図3　曲線部階段の計画

point

＊図面上での明確な表示や、施工上の納まりを充分に理解したうえでの設計が、日常的に使う階段、アプローチ部分の使い勝手（機能性）には特に重要。

59 水勾配と設備各種桝の処理

❖ 水勾配

エクステリア計画における各種土間（階段、アプローチ、犬走り、テラス、カースペース他）の造設に際し、計画高をどのくらいにするか、水勾配をどうするかは設計段階である程度おさえておく必要があります。現場の職人さんまかせではなく、長いアプローチや水の溜まりやすいような門廻りの土間等に対して図面段階での適切な指示が必要なのは言うまでもありません。

1 計画高

アプローチや飛石・平板などの計画高は、隣接する部分（砂利敷、芝生他）により多少異なりますが、一般的にはGL（SGL）より20～30mm上がりを基本とします。30mm弱ということは使用素材によっては側面部が見える場合がありますので気をつけてください。

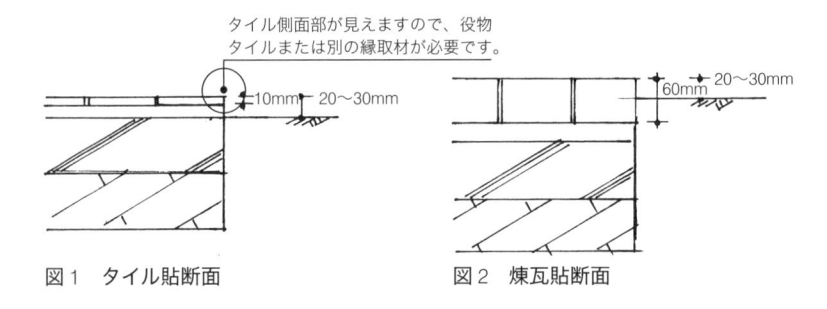

図1　タイル貼断面

図2　煉瓦貼断面

2 水勾配

最近は透水性のある舗装材もありますが、一般的な舗装材では必ず表面排水のための水勾配が必要になります。基本的にはアプローチ、階段部共に縦方向（縦断勾配）に1%（3mのアプローチで3cm、30cmの階段で3mm）くらいは必要になりますが、長いアプローチなどの場合は、両サイドの横断勾配にも配慮がいります。また、石貼など特に表面の凹凸の激しい場合は、表面積に応じ勾配を多少きつめにする方が望ましいです。門廻り、踊り場など入隅部は特に水が溜まりやすい部分ですので、1.5～2.0%くらいで処理するか、当初から目皿などを設置し、そこに水を集めて排水パイプによる終末処理する方法があります。

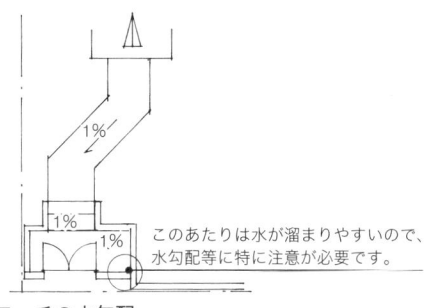

図3　階段、アプローチの水勾配

❖ 設備各種桝の処理

　建物からの汚水、雨水桝は敷地内の最終桝に接続される訳ですが、北側接道の場合などは門廻りからアプローチ周辺に各種桝と配管が集中しますので、桝の高さ調整や化粧蓋の設置が必要になる場合があります。

1　桝の高さ調整

　桝の形状も四角、丸型からコンクリート製、プラスチック製など多種多様ですが、土間計画高に合わせ高さ調整が可能です。また、スロープなどの傾斜部分の蓋は15°くらいまでは対応可能といえます。

2　化粧蓋（点検蓋）

　素材もアルミ、ステンレス、鋳鉄などがあり、サイズ的にもさまざまなものがありますので、土間の仕上げ材により選択が可能といえます。ただ、外枠の設置方向に気をつけないとタイル、煉瓦などの場合、目地方向と合っていなくて方向性に違和感が出ますので注意してください。

図4　煉瓦目地方向に化粧蓋外枠を合わせた方が良い事例（写真提供：INAXエクステリア住彩館）

point

＊門柱などの裏の入隅部など、水のたまりやすい場所や凹凸のきつい石貼などは、職人まかせにするのではなく、設計段階での処置、指示が基本。

住宅エクステリアの歴史①
黎明期（1950～1970年代）

　戦後の住宅づくりは量の確保ということが第一で、当時の日本住宅公団アパート（DK住宅）が羨望の時代であり、門とか塀とかの余裕などあるはずがない時代でした。ただ、この時期に現在の住宅メーカーといわれるような建築業者が創業し、今日の住宅産業の礎が動き始めた時期といえます。1970年くらいまでには現在の大手住宅メーカーの顔触れがほぼ出揃い、在来木造系から鉄骨系、ユニット系、輸入木造としての2×4法など、構法及びデザインを含め多彩な住宅建築が登場しました。

　当時はエクステリアという言葉など聞かれない時代で、資金に余裕のある人が和風門や石の門、塀をつくったりして、とても一般大衆の手の届くところではなかったといえます。建物に付随した門とか塀という概念でしかなく、車もそれほど一般化しておらず、単に敷地を囲っているというか、境界の明瞭化の段階といえます。

　ただ、日本の経済は着実に復興し始めており、「衣食住」の住宅に対するさまざまな動きが活発化してきて、エクステリアにとっての黎明期が近づいていたといえます。

かなり古い入母屋風の木造建築の外廻りです。建物と一体感のある和風門と瓦塀で構成されていて、建物の外壁板貼と漆喰仕上げが和風門の壁面処理としても用いられています。和風門にかかる黒松が「門冠りの見越しの松」として粋な感じです。

大谷石貼の角柱と石塀及び左官仕上げで構成されています。正門及び通用口の扉は鉄工所というか鍛冶屋で作られた門扉で3本の角柱と共に重厚感のある雰囲気を漂わせていますし、塀の上部の左官の研ぎ出し仕上げは職人の熟練技能を感じさせます。

第7章
塀・外柵・擁壁（土留）の設計

60 塀の持つ意味と基本的な考え方

「塀」といえばブロック積で囲ったブロック塀や木塀などが一般的にあげられますが、生垣、竹垣、フェンスというようにさまざまな材料を使って敷地を取り囲むもので、いわゆる「外を構える、外に柵をする」クローズ外構の一部といえます。

建物の外観、門廻り、アプローチ、街並みの一部と密接な関わりがありますので、あくまでもエクステリアデザインの一環として考えていくことが大事になります。

❖ 主な機能、役割

- 敷地境界の明示：隣地（官、民）側との境界線上に設置し、土地の所有を明確にします。
- 防犯：侵入盗などの侵入を防止するために設置しますが、あまり高すぎたら逆に内部が見えにくくなり逆効果の場合もあります。
- プライバシーの保護：建物内部や見られたくないもの、見せたくないものの目隠しとして設置します。
- その他：防音、日照・通風の調整、防塵をします。

❖ 理想的な塀とは

- 建物と色、素材、デザイン的にも調和し、一体感がある。
- 威圧感がなく、単調さを感じさせないデザインで、近隣及び周辺環境と調和している。
- 構造上、安全性にも問題がないように施工基準に沿って施工されている。
- 庭側から見ても高さのバランス、材料の組み合わせ等がうまく処理されている。

❖ 平、立面デザインパターン

- 平面的には直線で通すのが一般的ですが、塀の位置をずらしたり、曲げたりするなど平面位置を変えることにより変化が生まれます。
- 立面的に天端を揃えるだけでなく、高さを変えたり、斜めにしたり、スリットを入れたりすることにより、平面デザインとも合わせ、さまざまな展開が生まれます。

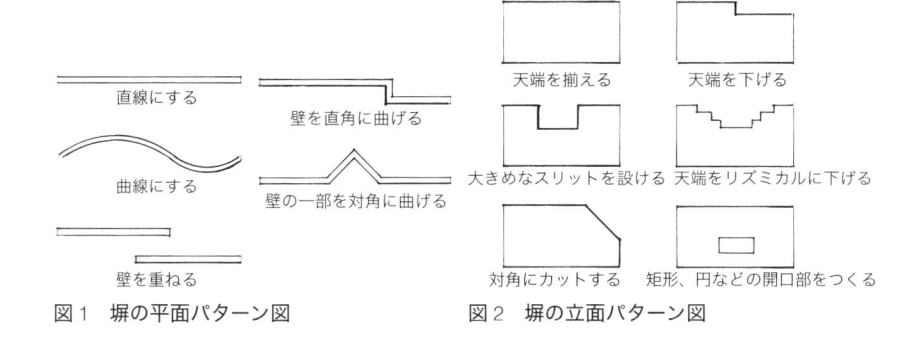

図1 塀の平面パターン図
- 直線にする
- 曲線にする
- 壁を重ねる
- 壁を直角に曲げる
- 壁の一部を対角に曲げる

図2 塀の立面パターン図
- 天端を揃える
- 天端を下げる
- 大きめなスリットを設ける
- 天端をリズミカルに下げる
- 対角にカットする
- 矩形、円などの開口部をつくる

- 高い塀になるほど圧迫感、威圧感の解消と重心を低くするようなデザイン上の工夫が必要になります。

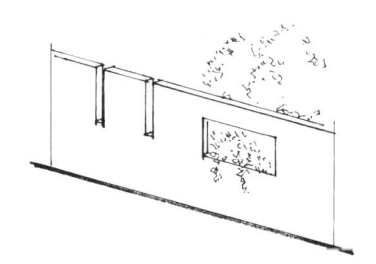

スリットや開口部分を設けることにより、圧迫感、威圧感の解消と同時に敷地内との一体感を醸し出してくれます。

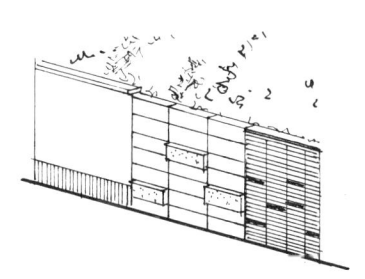

厚みの異なる化粧ブロックやタイルのテクスチュアの違い、裏足部分を表に貼ることも単調さをなくします。また、笠木、幅木も塀の汚れ防止のみでなく、デザイン的にも大事といえます。

重ね壁は高さや形状に変化を持たせることにより、より効果的です。もちろん、植栽をうまく配することが必要なのは言うまでもありません。

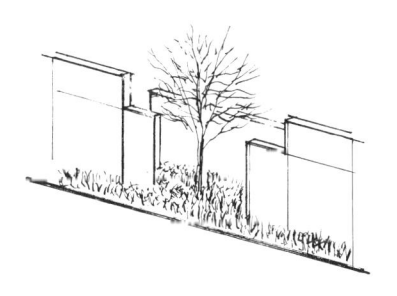

図3 威圧感を感じさせない塀のデザイン

point
＊塀の単調さや威圧感等を感じさせないためのさまざまなデザイン上の工夫の第一歩は、平面形状、位置及び立面形状に変化を持たせること。

61 ブロック（普通ブロック、化粧ブロック）塀

❖ 普通ブロック塀

ブロックの正式名称は、建築用空洞コンクリートブロックといい、圧縮強さによりA種（$8 N/mm^2$）、B種（$12 N/mm^2$）、C種（$16 N/mm^2$）に区分され、一般的にはJIS規格C種を使用します。サイズとしては、390 × 190 × 100、120、150、190（厚み）で、使用部位により基本、横筋用、コーナー用、ホロー（空洞）ブロックなどに分けられます。

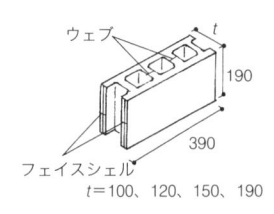

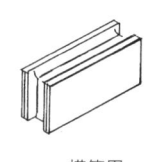

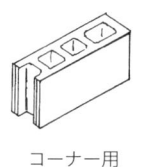

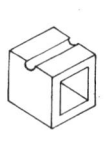

図1　普通ブロックの種類

ブロック自体は何の仕上げもなされていない状態ですので、ブロックを積んだままの化粧目地仕上げから、リシン掻き落としなどの左官仕上げから吹付など各種の化粧仕上げを施工される場合に分かれます。化粧目地仕上げに一部厚みの違うブロックを入れたり、空洞ブロックとの組み合わせなどにより、単調さや圧迫感の解消にもつながります。

図2　ブロック化粧目地仕上げ　　図3　空洞ブロック利用吹付仕上げ

ブロック塀の安全は、法的基準に沿った施工により初めて裏付けられるものですので、確実な施工が望まれます。また、吹付、左官仕上げの場合、下地の状態が薄いと目地の部分が透けて見えたり、仕上げ部のクラック発生な

図4 ブロックの目地が薄く見えている状態

どの不具合につながりますので、セメント・砂調合下地による仕上げ工事に際して、下地、中塗で少なくとも 10〜12mm 前後の塗厚の確保が必要です。

❖ 化粧ブロック塀

　化粧コンクリートブロックとは、鉄筋補強ができる空洞コンクリートブロックで、あらかじめ表面が化粧仕上げ（研磨、洗い出し、小叩き、コブ出し他）がなされているブロックのことです。本来、空洞ブロックであれば組積後、左官仕上げ、塗壁、石貼など何らかの化粧仕上げが必要になりますが、化粧コンクリートブロックは当初から仕上げがなされているという付加価値を備えている素材といえます。

　サイズも長さは 290、390、440、490、590、890mm で、高さも 90、140、190、240、290mm と多くのサイズがあり、色、質感、デザインの種類も多いので、門廻りを含めデザインイメージに合った選択が可能な材料といえます。

図5 化粧ブロック塀事例

> **point**
> ＊敷地全体を囲むブロック塀は以前に比べたら大分減ったが、化粧ブロック積を含め、高い威圧感のある塀にならないようなデザインの工夫が必要。

第7章　塀・外柵・擁壁（土留）の設計

62 タイル、煉瓦塀

❖ タイル塀

　タイル塀は大まかにはタイル貼門柱からの延長線上にある場合と、塀のみがタイル貼などに分けられます。長方形の小口タイル、二丁掛タイル、ボーダータイルなどが多く用いられますが、最近はモダンな感じにつながるスクエア（四角形、正方形）な100角、150角、200角などの正方形タイルや5cm以下の小さな形状のモザイクタイルなどもよく使用されています。

　目地は一般的には馬目地、芋目地が一般的ですが、ユニットパターンなどのタイルなどでは矩形貼のイメージを目地に持たせているのもあります。

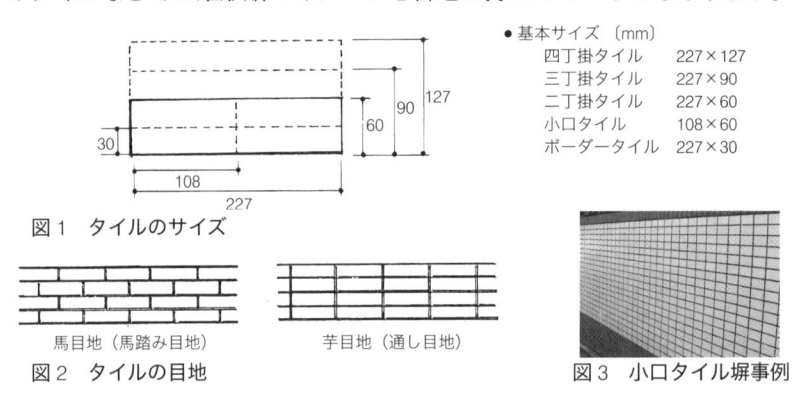

● 基本サイズ〔mm〕
　四丁掛タイル　　227×127
　三丁掛タイル　　227×90
　二丁掛タイル　　227×60
　小口タイル　　　108×60
　ボーダータイル　227×30

図1　タイルのサイズ

馬目地（馬踏み目地）　　芋目地（通し目地）

図2　タイルの目地　　　　　　　　　　図3　小口タイル塀事例

　タイル塀は高級感や重厚感を醸し出してくれますが、ややもすると威圧感、単調さにもつながりますので、重ね壁としたり、スリット、フィックスフェンスなどの組み合わせによるデザイン処理が求められます。

図4　どうしても圧迫感、威圧感だけが目立ってしまっています。

図5　フィックスフェンスを取り込んだタイル塀

図6 タイル塀の事例

玄関ポーチの袖壁と同じ二丁掛タイルを門、塀にも用いることにより一体感のある演出

❖ 煉瓦塀

　煉瓦積の塀は、煉瓦単独では建築基準法上は1.2mまでしか組積施工ができませんので、それ以上の高さを計画する場合は、RCやブロックなどの芯となる躯体部分が必要になります。最近はタイルか煉瓦か注意してみないとわからないくらい、タイルのテクスチュア、色合いはさまざまなものが増えていますが、煉瓦積の深目地による立体感、重厚感はタイルでは表現できません。

　積み方も長手積、イギリス積、フランス積などがあり、縦目地の変化のあるデザインパターンが楽しめます。

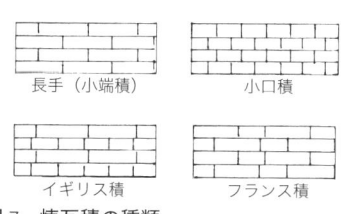

図7　煉瓦積の種類（長手（小端積）、小口積、イギリス積、フランス積）

図8　煉瓦長手（小端）積

　煉瓦積もタイル塀と同様に、ややもすると威圧感が感じられますので、デザイン上の工夫が求められます。

図9　スリットを入れた煉瓦積

図10　壁面にフィックスフェンスを入れた煉瓦積

> **point**
> ＊単調になりがちなタイル貼の塀は、笠木、幅木部分の役物タイル使用や壁面にスリットを取り込むなどのデザイン上の工夫が大切。

63 RC塀

　RC（Reinforced Concrete）造は、圧縮に強く、引張に弱いコンクリートと、引張に強く、圧縮に弱い鉄筋のお互いの短所を補完し合った構造で、エクステリアにおいても門柱、塀、シャッターゲート、車庫、擁壁、各種構造物基礎などで多く用いられています。

　RC造の塀は単独で計画されることもありますが、門廻り、シャッターゲートなどに連続して計画されることが多く、型枠によってさまざまな形がつくれますので、形状、テクスチュアなど多彩なデザインの展開が可能です。

　コンクリートの持つクールでモダンなモノトーンの仕上りは、人工的なアーバン（都会的）な雰囲気を演出してくれますが、塀の高さ、長さによっては無機質な威圧感のみが前面に出てしまう場合がありますので、デザイン上の工夫が必要です。

❖ 塀の断面構造

　境界部に施工するため、基礎フーチングは越境しないようなL型タイプとなりますが、門柱壁などは一般的に逆T型で計画します。塀、門柱壁などの

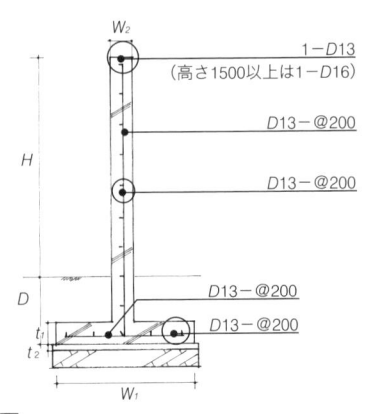

図1　RC塀の参考断面

表1　L型RC塀基本寸法表〔mm〕

各部位寸法 高さ H	根入れ D	フーチング W_1	天端厚 W_2	フーチング厚 t_1	捨てコンクリート t_2
1000	350	650	150	150	30
1500	450	1000	150	150	30
2000	450	1300	200	200	30

周辺に植栽計画のある場合は、基礎部を偏芯したり、根入れを深くするなど植栽スペースの確保と共に、必要に応じ水が抜けるようにベーススラブに50mm前後のボイド管2〜3ヶ所/mを入れてください。

❖ デザイン、形状

一般的には現場で型枠を組むことからさまざまな形状のものができますので、単調さの解消を含め、スリット、出面を変えたり、現場型枠組というメリットを最大限活用した形状の塀のデザインが望まれます。

表面仕上げも型枠を外したままの打ち放し仕上げからリブ材を入れたり、表面を小叩き風にチッピング処理したりして質感を変えたりもできます。

また、天端の面木処理、セパレーターの位置もデザイン上の大きな要素になります。

RC打ち放し塀 　　　　　　リブ入りチッピング処理

シャッターから門廻りまでのつながりを持つRC塀 　　　大きな開口部を持つRC塀

図2　RC塀の事例

point

* RC造の塀は、打ち放し仕上げからリブ入りチッピング処理など、現場型枠組という利点を生かして、表情の変化を持たせることができる。

第7章　塀・外柵・擁壁（土留）の設計

64 フェンス、木柵

❖ フェンス

広義な意味では木柵も木柵フェンスと位置付けられますが、一般的にはフェンスといえばアルミニウム合金製、鋼製、ステンレス鋼製などの金属素材を主部材とし、FRP板、ポリカーボネート板、パンチングメタルなどの他素材と複合化させたものまで、さまざまな装飾性を表現したものをいいます。

ブロック塀など他の塀に比べたら、サイズ、デザインの豊富さからも圧迫感を感じさせることは少なく、解放的な明るい雰囲気を演出できますし、プライバシーの保護、目隠しなど必要な場合は、目隠しタイプフェンスで最大2800mmくらいまでは対応も可能です。

1 素材、デザイン性

金属素材ですのでデザイン性、耐久性、加工性は微妙に異なりますが、メーカー商品であればスチール製でも塗装品質が高いので、アルミ材に比べたら多少落ちるとはいえ、防錆性は高いともいえます。

アルミ材の場合、形材、鋳物フェンスに大別されますが、押出形材のデザインは直線を基調としていますし、鋳物は曲線や装飾性の高いデザインですので、建物、エクステリア全体のイメージとの的確なコーディネートを考えて選んでください。鍛鉄（ロートアイアン）などによって加工した特注フェンスなどは、カジュアル系から重厚感のあるクラシックな雰囲気まで演出できますので、オリジナリティの高いフェンスとして対応できます。

図1 形材フェンス

図2 鋳物フェンス

2 施工方法による種類

- 連続フェンス：幅（長さ）1～2mくらいのフェンスを連続的につないで施工します。柱は自由柱、間柱に分けられ、自由柱の場合、フェンス本体の側面に柱がきますので、どの位置に柱がくるかにも配慮してください。隣地側と折半で施工するフェンスの場合は、間柱施工が基本です。

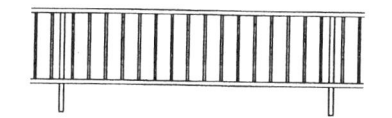

自由柱（自在柱）
フェンスと柱の組み付けが、フェンスの幅方向の任意の位置で可能な構造です。

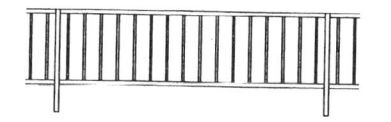

間柱
フェンスと柱の組み付けが、フェンスの幅方向端部でおこなう構造です。

図3 連続フェンス

●ブロックフェンス：ブロックを数段積んだ上に断続的に施工するフェンスで、塀のデザイン変化、圧迫感の解消などの効果を持ちます。

図4 ブロックフェンス

❖ 木柵

　素材的には米杉、ウリン、イペ材などが主に用いられ、メーカー商品から特注加工までデザインの幅も広いです。また、天然木の質感、風合いに似せた木樹脂フェンスなどは腐りや退色もないので、メンテナンスフリーを希望する建築主にはおすすめです。オリジナリティ、デザイン性を考えるとメーカー商品だけでなく、ウッドデッキ等の基本部材の 70 × 70mm、90 × 90mm の角材や 20 × 120・150mm の横板材などを用いたさまざまなデザインの木柵や、フェンスに蔓性植物をからませるなど効果的な演出が望まれます。

図5 アメリカンタイプ木柵　　図6 横板貼木柵　　図7 ラチス（菱形）木柵

point
＊金属系フェンスはメーカー商品が主流となるが、木柵などはデザインにさまざまなものが可能なので、現場に合わせたオリジナリティが望まれる。

65 植物（生垣）を使った塀

　生垣も塀の一つとして位置付けられ、他の塀の持つ固い人工的な雰囲気とは異なり、自然素材の持つナチュラル感、柔らかさと幹、葉、花などの持つフォルム、色彩、四季の変化などからも、緑豊かな潤いのある街並みづくりにも配慮されている塀といえます。

　生垣は高さに応じて天端を切り揃えるのが一般的ですが、樹種によっては高さを変えたり、曲線を持たせたり、出面を変えてみるなど、さまざまなデザインの可能性があります。

❖ 生垣の高さと適合樹種

　樹木は放置した状態であれば、ある一定の高さ（例えばカシなどの高木であれば 15〜20m 以上）になりますが、剪定などで枝を切り詰めることにより樹形のコントロールができ、アラカシでも 2〜3m から 1m 前後の生垣としての対応もできます。

　樹種としては、一般的には単一樹種で構成される場合が多いのですが、混ぜ垣（混植生垣）といい、ベースになる樹種に 3〜4 種（例えばアラカシをベースにツバキ、ナンテン、ベニカナメモチ）を混植する手法では、単一樹種では味わえない季節感の演出が楽しめます。

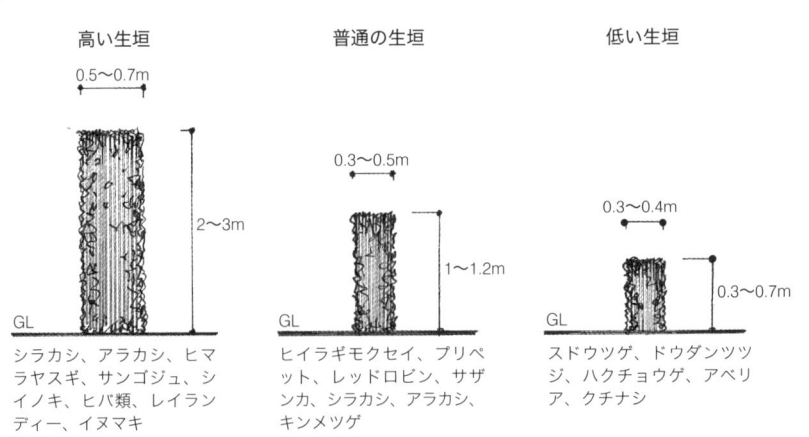

高い生垣	普通の生垣	低い生垣
0.5〜0.7m 2〜3m	0.3〜0.5m 1〜1.2m	0.3〜0.4m 0.3〜0.7m
シラカシ、アラカシ、ヒマラヤスギ、サンゴジュ、シイノキ、ヒバ類、レイランディー、イヌマキ	ヒイラギモクセイ、プリペット、レッドロビン、サザンカ、シラカシ、アラカシ、キンメツゲ	スドウツゲ、ドウダンツツジ、ハクチョウゲ、アベリア、クチナシ

図1　生垣（高さ別）と適合樹種

❖ デザイン的剪定に向く樹種

　生垣の高さによって樹木の持つ葉の大きさがバランスに関係してきて、生

垣の高さが高くなればなるほど葉が大きくても違和感は感じませんし、低い生垣であればあるほど葉が小さい方が見やすいともいえます。生垣は刈り込めば刈り込むほど綺麗ですし、葉が小さければ小さいほど葉の切り跡が目立ちませんので、デザイン的処理をした生垣はできるだけまめに刈り込むことが当初のイメージを維持できる決め手です。

また、生垣は最初から葉が密に込んでいる状態ではありません。見栄えの良い形になるまでには、植付から少なくとも2～3年はかかりますので、そのあたりを充分説明しておくことが必要といえます。

植込み時当初から生垣としての完成度を高めたい場合は、一回り大きなサイズ（例えば高さ1mくらいの生垣であればH1.2～1.3mくらいの材料）を植込んで、上部をカットすれば生垣としての見栄えは大分変わります。

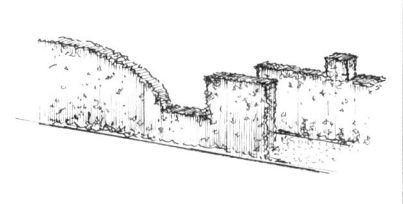

トピアリー感覚で生垣にもさまざまなデザインを楽しむことができます。

一般的な生垣の形

生垣の出面に変化を持たせながら、ベンチを効果的に配置しています。

落葉樹生垣の高さを利用し、アーチ形状としています。

図2　生垣のデザイン

point
＊天端を合わせただけの一般的な生垣だけでなく、アールを持たせたり、スリット、段差などを効果的に取り込んだ生垣の演出もおすすめ。

第7章　塀・外柵・擁壁（土留）の設計

66 形状、素材の組み合わせを持つ塀のデザイン

　道路と敷地の接道部分の長さは、一般的には10〜15m前後のケースが多く、敷地全体を単一の塀で取り囲むというよりは、門柱やその他壁面を利用してプライバシーの保護や見せたくない部分を隠すという目的の塀もあります。接道部分にはカースペース、門廻りというゾーンも同居していますので、単なる直線の塀ではなく建物や門廻りとの一体感のある塀や形状の変化、塀と他の素材、塀の壁面での素材のコンビネーション（組み合わせ）効果を持つデザイン性の高い塀が要求されてきます。

❖ 平面、立面から形状変化

　考え方としては平面レベルでのカースペースを固定したのち、門廻り、塀の大まかな位置を固定して、立面レベルでの塀の位置、高さ、バランス感などの下絵（エスキス）を進めていきます。

　直線基調の壁のデザインは水平線、垂直線で構成されますので、そこに対角線を入れることによりさまざまな形状の壁面構成が生まれてきます。

水平線、垂直線からの形状変化パターン

対角線からの形状変化パターン

水平線、垂直線、対角線にての展開パターンによりさまざまな形状の塀、門などのデザインが構成されます。ただ、あまり凝りすぎるとゴテゴテした飽きやすい形になるので、できるだけシンプルな感じが求められます。また、線の交差する部分を軸に、仕上げに変化を持たせていくことにより、よりデザイン的な効果を持たせてくれます。

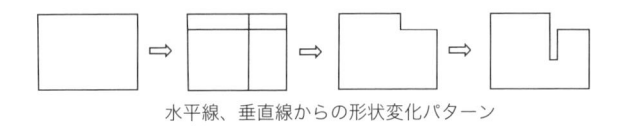

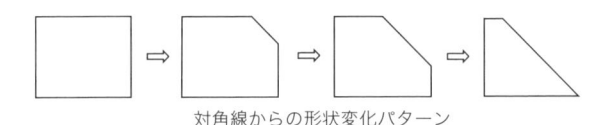

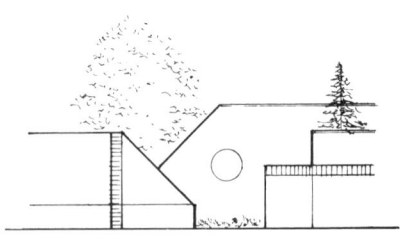

図1　壁面構成の展開

アールの塀の場合も基本はアールを使った門柱部分で説明したように、下絵をしっかり描き込んでいくことが大事になり、アールの天端の低い方などには全体のバランス感を持たせるような樹木などの処理が必要といえます。

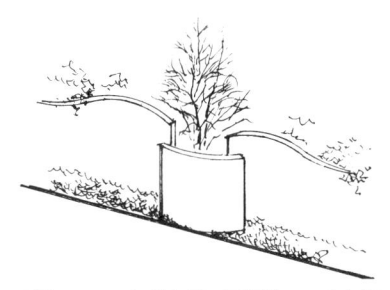

天端のアールと重ね壁の平面的アールを組み合わせて、効果的に樹木を配しています。	アールの天端が下がる部分に配された樹木が、全体のバランス感を取っています。

図2　アール塀のデザイン

❖ 素材の組み合わせ

素材の組み合わせも、同一壁面での処理をはじめ、塀と塀の間に別の素材を組み合わせるなどの手法があげられます。

ガラスブロック、飾り小窓みたいなワンポイントから壁面をセパレート（分離）するようなものまで、デザイン上の効果的な演出が可能です。

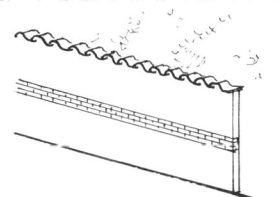

笠木S瓦と塗壁・二丁掛タイル	天端塗り廻しの塗壁とタイル散らし
モルタル笠木と吹付・二丁掛タイル	角柱（木製、金属他）と組み合わせた天端塗り廻しの塗壁

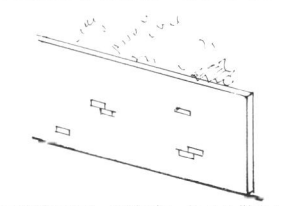

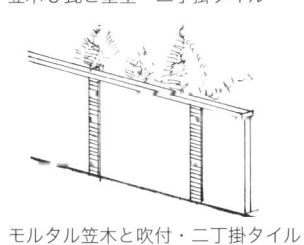

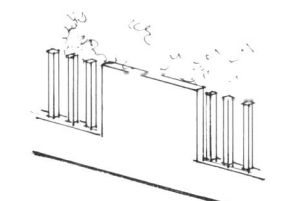

図3　壁面での素材の組み合せ

point

＊平面、立面段階での壁面デザインに際し、しっかりとした下絵（エスキス）を描き込むことで、素材の組み合わせを含めた効果的な演出が可能になる。

67 スリットを効果的に使った塀のデザイン

スリット（slit）とは、本来は細い隙間、細隙という意味合いですが、塀などの場合は多少幅が広いものまで含めた形での位置付けで、塀の単調さやデザイン性を高めるために良く用いられています。

隙間という意味ですので、平面的には塀の位置を少しずらすことにより生まれる空間も含まれます。

❖ 平面レベルでの事例

塀の長さにもよりますが、広大な敷地の接道部分の直線の塀は多少単調さは感じても、それ以上のグレード感などの雰囲気を持っています。ただ、塀の距離が短くなるとどうしても単調さが前面に出ますので、単調さを意識させないためにも、塀の形状の変化やスリットが必要になるといえます。

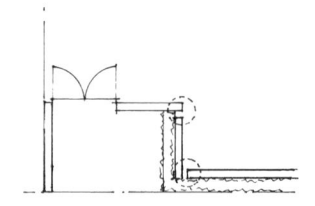

門廻りから塀へと続く部分もスリットを用いることで、入隅部をなくすことができますし、スリット部分での塀の高さを変えたりもできます。

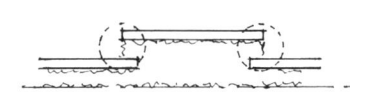

重ね壁の間は一般的にスリットを用います。幅の広さに応じたさまざまな仕掛けをすることができます。

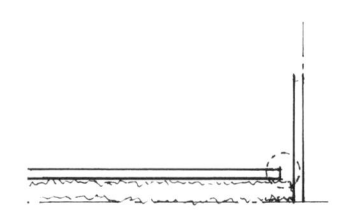

コーナー部分にスリットを入れることにより、敷地側から見ても入隅部が見えないので、奥につながるような感じを与えてくれます。

図1　平面でのスリット

❖ 立面レベルでの事例

立面でのスリットも細いものから幅広いもの、逆三角形から凹凸感を感じさせるものまでさまざまなタイプのデザインができます。一般的にいえば狭い（10～15cm内外）スリットは単に細隙があれば塀全体とのデザイン性にも違和感はありませんが、幅が広くなればなるほどその空間が間延びして見

えますので、何らかの処理が必要といえます。比較的狭い空間であれば鍛鉄の飾り格子パーツやスリムフェンス、それ以上になればFIXフェンスや植栽物との組み合わせなどが上げられます。

また、スリット部分としての空洞ブロック、ガラスブロックなどによる演出効果も上げられます。

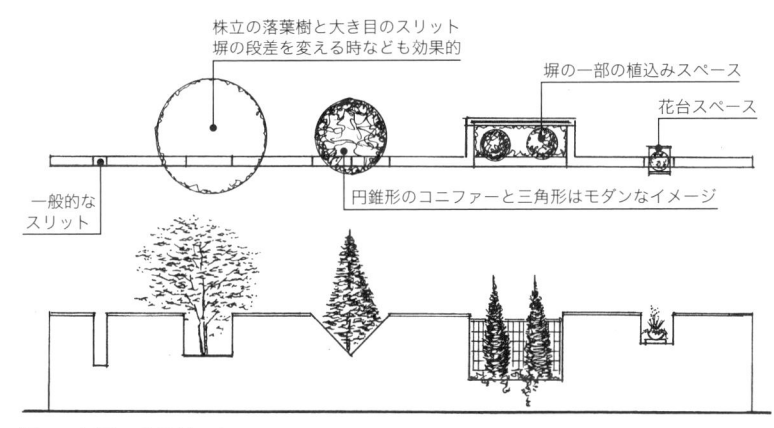

図2　立面でのスリット

広めのスリットとして鋳物フェンスを取り込んだ塀　　細めのスリットを用いた塀

図3　スリットを効果的に使った事例

point
＊平面的なスリット及び立面的なスリットを効果的に配することにより、塀の持つ単調さ、威圧感などの解消とともに、デザイン性の高い塀となる。

68 擁壁の種類と効果的な使い分け

　擁壁（土留）とは、切土・盛土の土を支えるための壁のことをいい、一般的には擁壁の種類によりRC造擁壁、CP型枠ブロック擁壁、石積擁壁などのように擁壁の手前に種類が表示されます。擁壁に作用する荷重には、自重、表面載荷重、土圧、水圧他地震時の荷重などが上げられ、それらの荷重に対して滑動、転倒、沈下に対する安定している構造が求められます。道路と宅地及び宅地と宅地（隣地）との間には高低差があり、法面（斜面）として残っているケースがあり、この部分を平坦にして土地を有効活用しようと思えば土を盛る（盛土）という土地の形質の変更が生じます。

　また、カースペース、掘込み式車庫などを宅地内に造設しようとした場合、当然のことながら土を掘削する作業（切土）という土地の形質の変更が生じます。この時、一定の高さ（盛土1m、切土2m）を超える場合には、宅地造成等規制法という法律に抵触してきますので、擁壁などの計画時には敷地にかかわる法的規制に充分な注意が望まれます。

❖ 擁壁の種類と使い分け

●RC造擁壁

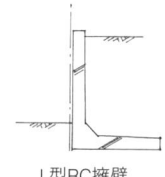

L型RC擁壁
一般的なタイプで、道路面、隣地面にも対応できます。

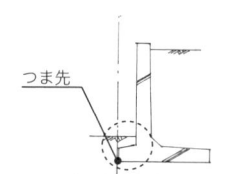

L型RC擁壁（つま先有）
つま先があるため、道路面は問題はありませんが、隣地面はつま先部分が境界から後退するので、狭い敷地には対応しにくいといえます。

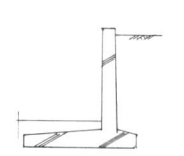

逆L型RC擁壁
背面側をあまり掘削できない場合などに用いられます。

●石積擁壁

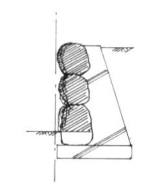

自然石の石積ですので、和風の雰囲気などには合いやすいです。高さが1mを超え、宅造法に抵触する場合などは、背面の重力式で支えるという解釈ですので、高コストになりやすいです。

●間知石（間知ブロック）擁壁

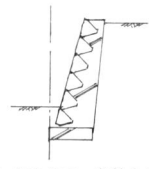

擁壁が傾斜しますので、有効土地は減りますが、構造が軽いので、支持地盤の弱いところやコスト的に抑えるところには適しています。

- 型枠状ブロック擁壁

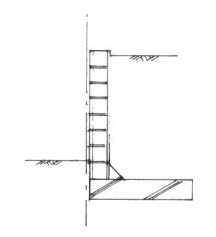

型枠をブロックによって組む形ですので、型枠工でなくても施工できますし、化粧タイプもありますので、工期的にもメリットがあります。

【使用ブロック厚】
　15cm厚　　800cm以下（GLよりの高さ）
　18cm厚　　1200〃
　21cm厚　　1600〃
　24cm厚　　2000〃

- 建築用空洞コンクリートブロック擁壁

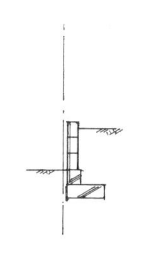

建築用空洞コンクリートブロックは本来、土留構造物としての使用は認められていませんが、日本建築学会基準等で2段まではモルタルオール充填などの補強による施工が容認されています。ただし、地域によって異なりますので、そのあたりは充分配慮したうえでの計画が必要です。

❖ 計画上の留意点

擁壁（土留）等の構造物を施工するに際し、切土という工事が発生します。擁壁の構造によっても異なりますが、余掘や施工スペースの確保、隣地側との取り合いなどに配慮した構造物の計画位置が求められます。

❖ 法面処理

法面（斜面）部は必ずしも擁壁工事で宅地GLまで盛土をして平坦な土地を確保するのではなく、ロックガーデン風などの植栽を効果的に用いるのも一つの方法です。

図1　法面処理の例

point
＊高低差がある部分等での擁壁工事は、高さ、意匠性、土地の有効利用、建物側、隣地側の状況等に充分配慮して、適切な擁壁の種類の選択が必要。

住宅エクステリアの歴史②
草創期(1970〜1980年代)

　現在の大手住宅メーカーがほぼ出揃ったなか、行政サイドのプレハブ化促進の提唱「住宅産業振興5ヶ年計画」(1971年)、プレハブ住宅の質的向上とローコスト化を目的とした旧通産省、建設省の「ハウス55計画1976年」などとも相まって、プレハブ住宅を主としたメーカーが大幅にシェアを伸ばしました。また、「国土法施行」(1974年)等により、住宅地開発に対する諸規制がかかり始め、旧公団、地方自治体、民間デベロッパーなども住宅における環境づくり、街づくりという意識を持って動き始めた時期ともいえます。

　エクステリアに関しても住宅着工件数の増加に比例して、全国規模の市場が生まれ、スチール門扉、フェンスの規格化による大量販売のメーカーが生まれたり、アルミニウム部材での参入メーカーも出て、1980年代には鉄からアルミニウムへと流れも変わりました。塀などで用いられていたコンクリートブロックにも表面加工、彩色し付加価値を高めた化粧ブロックが出始め、金属とブロックという基本部材が牽引する形でのエクステリアという概念を含め、草創期が動き始めたといえます。

陸屋根の建物の外廻りですが、どちらかといえば、和洋折衷の雰囲気で仕上っています。自然石石積の上部には正門扉と同じデザインのアルミ鋳物フェンス、門柱はボーダータイル貼、車庫の扉は伸縮門扉と多少違和感はありますが、当時の傾向ともいえます。

敷地と建物規格プランの関係と思いますが、当時としては比較的少ない1台分の縦列駐車の外廻りです。ブロック門柱左官仕上げとアルミ鋳物門扉、伸縮門扉及びカーポートと全体が白い色でコーディネートされ、すっきりとまとまっています。

第8章
カースペース・ヤードスペースの設計

69 カースペースの考え方と直角、縦列駐車

　カースペースはエクステリア各部位のなかで、機能性という視点でも大きなスペースが必要となりますので、ゾーニングの際の最重要項目です。車種、台数、出し入れのしやすさ、車から建築物または門廻りまでの動線、庭との関係など、何を優先するかによって、車の入れ方、間口、奥行などスペースの大きさも変わってきます。道路勾配がきつい時などは、扉の種類（シャッター他）によって扉の設置位置が後退したり、駐車スペースの形も出し入れの順番、車の使い方、使う頻度などの要因で変わる場合もあります。

　最近は、車のサイズも同クラスの排気量でも多様化していますので、詳細寸法は必ず車種確認のうえ、カーポート屋根設置の場合は高さも含めてカースペースの寸法を計画してください。

❖ カースペースの基本寸法

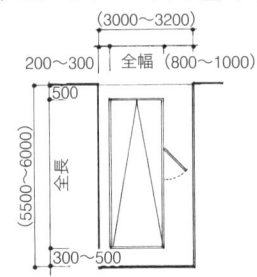

図1　直角駐車イラスト
車の進入方向が道路に対して直角になる形です。出し入れは左右どちらにでもできますし、さまざまな扉にも対応しやすいパターンといえます。車椅子の昇降を考えると間口方向に＋1.0〜1.2mの余裕が必要といえます。

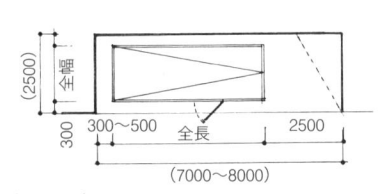

図2　縦列駐車イラスト
車の進入は道路に対して平行になる形で、道路面に対して大きな開口部が必要となります。開口部が広いため、扉の対応が伸縮門扉（アコーディオン扉）に限定されることもあり、一般的にはオープン外構で多用されますので、土間仕上げ、スリットグリーンなどのデザイン処理が必要といえます。また、駐車時の運転席の位置により、扉の開閉が道路側、宅地側かにも配慮して寸法を決定してください。

❖ 駐車スペースの基本パターン

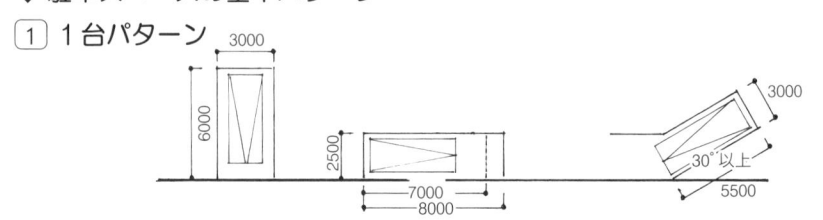

1　1台パターン

二方向に出ることが可能で、止めやすく、出やすい。ただし、道路幅員が狭い場合は隅切りをするなど工夫を。

南側道路の敷地の場合、庭を広く使えるなどの利点がある。オープンになりやすいので、土間のデザインに工夫を。

オープン外構の場合や、幅の狭い敷地などに有効。手前に残る部分に植栽帯や花壇を作るなど、死に地を残さない工夫を。

2 2台パターン

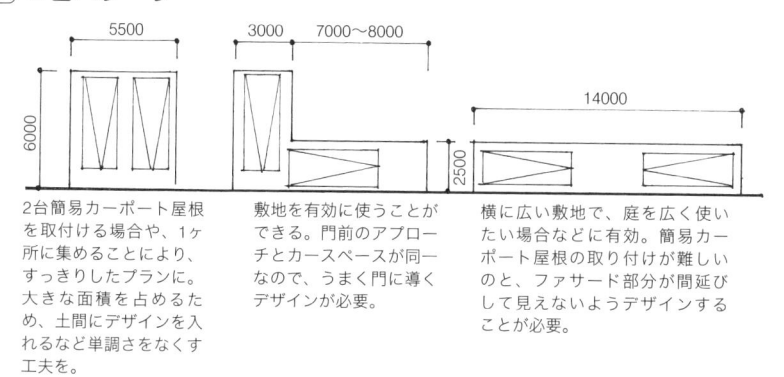

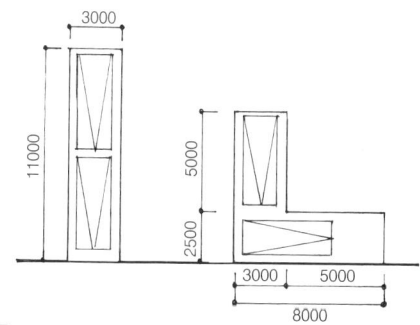

2台簡易カーポート屋根を取付ける場合や、1ヶ所に集めることにより、すっきりしたプランに。大きな面積を占めるため、土間にデザインを入れるなど単調さをなくす工夫を。

敷地を有効に使うことができる。門前のアプローチとカースペースが同一なので、うまく門に導くデザインが必要。

横に広い敷地で、庭を広く使いたい場合などに有効。簡易カーポート屋根の取り付けが難しいのと、ファサード部分が間延びして見えないようデザインすることが必要。

道路からは1台分のスペースなので、すっきり見え、敷地全体の死に地も少ない。ただ、前の車が出ないと後ろの車が出られない。車の利用状況次第では、スムーズな出入りも可能。

3 3台パターン

3台以上のカースペースについては、1台プランと2台プランの組み合わせによります。それぞれのメリット、デメリットを把握し、車の利用状況を踏まえたうえでの計画が必要といえます。

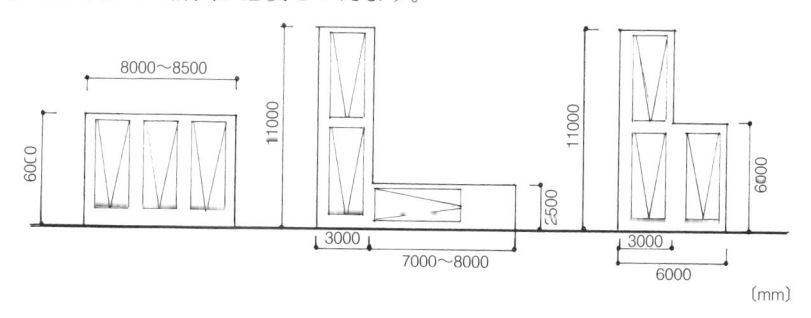

〔mm〕

point

＊敷地のなかで大きなスペースを取りますので、車の出し入れの順番、使う頻度、使い方などをベースに他のスペースとのトータルな判断が望まれる。

70 カースペースの前面道路幅、勾配及び土間勾配

カースペースの前面道路幅員、道路勾配はさまざまなパターンがあり、特に道路幅員が狭かったり、急な坂道など道路勾配がきつい場合などは、カースペースの間口、土間勾配、扉の種類による設置条件（扉が水平でないと設置できない、多少のレベル差には対応可能等）に配慮した計画が望まれます。

車の出し入れは日常的なことですので、車の出入りがしにくかったり、切り返しが必要であったり、車種によっては車の底をすったりしないような注意が必要です。

❖ 前面道路と間口

車がカースペースから道路に一直線で出入りすることは、住宅の場合極めてまれで、一般的には曲線的な動作をします。中型車（4800×1800mm前後）の場合、半径5500mmくらいの回転半径が必要となりますので、前面道路幅員が5mの時、前進で直角駐車をする場合3.3m（後退の場合2.6m）くらいの幅を目安とし、できれば50cmくらいの余裕を持たせた計画が望まれます。

道路幅員が3〜4mと狭い場合は、開口3.6m以上（後退入庫）か隅切り部を広げるか、斜めにカースペースを設置するかを検討してください。

表1　1台の直角駐車に必要な間口

道路幅員 (m)	4	5	6	7	9
間口 (m)	3.6 (3.3)	3.3 (2.6)	3.3 (2.3)	3.0	2.3
※ (　) 車を後退で入れる場合					

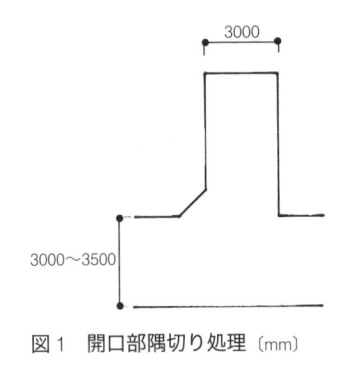

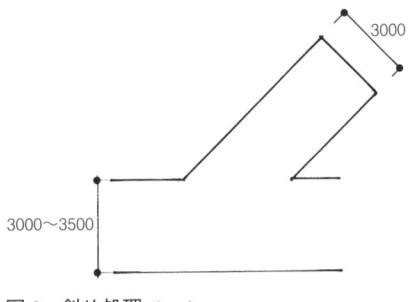

図1　開口部隅切り処理〔mm〕

図2　斜め処理〔mm〕

❖ 道路勾配と土間勾配

　カースペースの土間は水平にすると水溜りの原因ともなりますので、道路面の側溝等に向けて勾配を取ります、コンクリート金ゴテ押えなどの場合は、一般的に2%くらいとし、石貼など表面に凹凸がある場合は、3%くらいを目安とします。

　縦列駐車などの場合は、全体は道路勾配に合わせながら道路に対し直角方向で2%くらいの勾配を取ります。奥行き10mくらいのカースペースでしたら、2%勾配でも20cmのレベル差がつきますし、階段の数や掘削土量など積算とも関係してきますので、図面の段階で土間の勾配、計画高などは必ず表示してください。

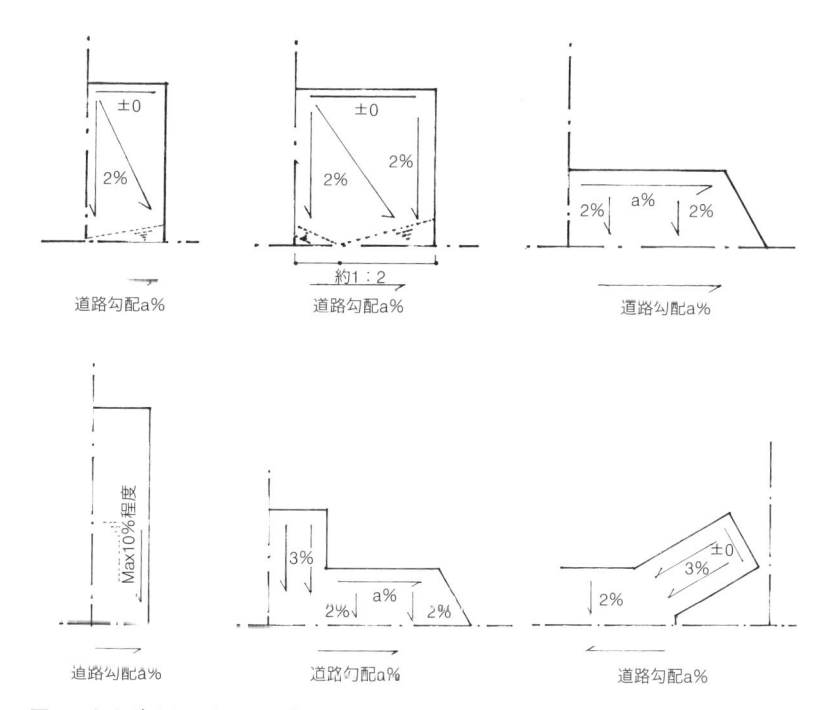

図3　さまざまなパターンの勾配の考え方

> **point**
> ＊カースペースの土間勾配は、多少の部分は現場合わせでも構いませんが、一定の表示は必要で、特に直角駐車（2台分）の場合は必ず必要。

71 カースペースの扉、簡易カーポート屋根取付

　カースペースに用いられる扉は3、4枚折戸扉、伸縮（アコーディオン）門扉、跳ね上げ（オーバードア）扉、引戸、巻き上げ式シャッターなどがあり、扉の設置位置が水平でないと納まりが悪いものから、多少の傾斜には対応可能なものまであります。道路勾配がきつい場合は、扉の設置できる水平部分までの道路からの後退距離に配慮した平面計画が必要となり、奥行寸法の関係では急な傾斜部ができたり、扉自体が納まらないというケースも出てきますので充分な配慮が必要といえます。

❖ 伸縮門扉、折戸扉、跳ね上げ扉

　傾斜地対応の伸縮門扉は、傾斜に沿って本体が垂直に建て込まれますので、見た目にも美しく操作性もスムーズです。最大傾斜角は上り傾斜で7°、下り傾斜で5°くらいで、最大開口は両開きで11mくらいまで対応できます。折戸扉、跳ね上げ扉なども、扉の接地ストッパーが標準で40〜250mm、ロングで350mmくらいまでは対応できますので、奥行方向に余裕がない場合などにおすすめです。

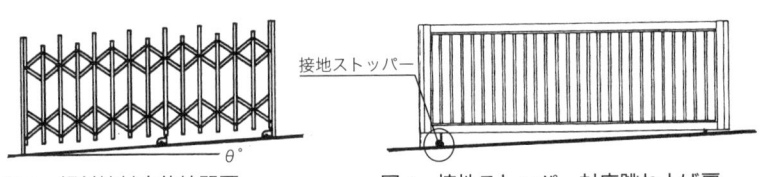

図1　傾斜地対応伸縮門扉　　図2　接地ストッパー対応跳ね上げ扉

❖ シャッター、引戸

　シャッター、引戸などの場合は、シャッターの底板接地面が水平面を要求しますし、レール式引戸でも、レールの接地面は水平でないと納まりが悪くなります。開口5mくらいのカースペースでしたら、道路勾配が5%でも

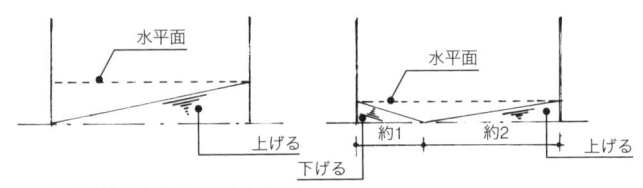

図3　シャッター手前の勾配の取り方事例

図4 土間とシャッター下端との納まりの悪い事例　図5 シャッター手前の勾配

25cm、8%でしたら40cmの段差のスロープ処理が必要となりますので、奥行方向とシャッターゲートとの取付位置に配慮した計画が必要といえます。

❖ 簡易カーポート屋根取付

　カーポートの取付位置は、建物の開口部の採光を妨げたり、窓の開閉に支障をきたしたり、勝手口庇、出窓、パイプカバーなどが邪魔になったりする場合もありますので、建物壁面部の確認を充分おこなったうえでの計画が望まれます。

　隣地側に対して擁壁等が必要な場合、擁壁の位置、壁厚、それに柱の寸法、取付位置などを充分に検討したうえでの開口寸法の確保が必要になります。仮に建物配置寸法がカースペース寸法として芯々3mで設定されていても、隣地側に擁壁等が必要な場合は、擁壁厚200mm、カーポートの柱（160～190mm）、壁厚芯々分約70～80mmとすれば、実際のカースペースとしての間口は430～470mm差し引いた2.5mくらいしか残っていないということです。また、最近は大型のRV車や車高の高い車も増えていますので、その場合の対応としてロング柱（通常の柱1800mmに対して＋500mm）もありますので、カーポートの機種と車の高さの充分な確認のうえ進めてください。

　また、第2章でも触れましたが、最近ではコンプライアンス（法令順守）という面から、建築基準法適合商品の使用への動きも出ていますので、簡易的なカーポート屋根という感覚ではなく、建築物としての認識での計画、施工も検討課題といえます。

> **point**
> ＊道路勾配がきつい場合の引戸、シャッター等使用の場合は、扉の設置位置の水平部分確保距離に充分配慮して、ゲートなど構造物の位置を決める。

第8章　カースペース・ヤードスペースの設計

72 カースペースの土間デザインと使用素材

　閉鎖的なクローズ外構から、開放感のあるオープン外構が増えてきた大きな理由に、カースペースが1台から2～3、4台分必要となってきたことがあげられます。車の設置方法にもよりますが、門廻りを含めたトータルバランス、機能的にも対応できる扉が少ないこともあり、車のない時の広い土間の空間をどうデザイン的に処理して、見栄えの良い空間としての演出効果を高めることが大事になります。コンクリート面のみの無機質な表情のみでなく、門廻りアプローチからの一体感のあるデザイン、素材の組み合わせ、接道部分をすべて使ったトータルデザインが望まれます。

❖ 壁から土間への延長、つながり

　門廻り、塀など壁のデザインは平面、立面的には水平線、垂直線、対角線、整形な曲線などで構成されています。土間は基本的には平面レベルですので、壁面からのつながりのあるラインは視覚的にも安定感、一体感のあるデザインにつながります。

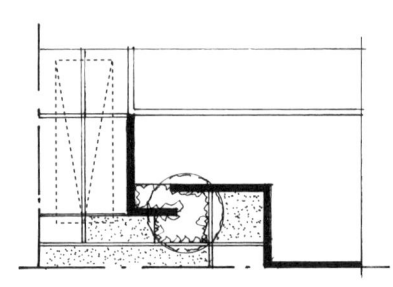

直線の塀と植込みスペースの縦、横のラインをカースペースにつなげるデザイン 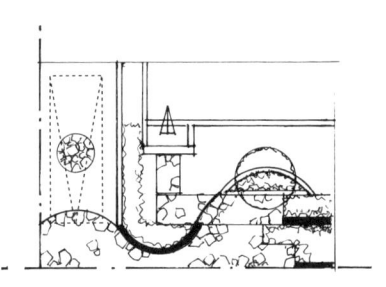　　半円形の花壇とアール壁面から、カースペースまでつながる曲線のライン

図1　壁面からのつながりを持たせたデザイン

❖ 素材の組み合わせと拡がり、一体感

　カースペースとメインアプローチなどのスペースが共有される場合などは、アプローチの素材をできるだけカースペースの土間に効果的に配することにより、接道部分をすべて使った一体感のあるデザインとなります。アプローチとカースペースを切断するのではなく、重なり、拡がり感を持たせることが大事といえます。

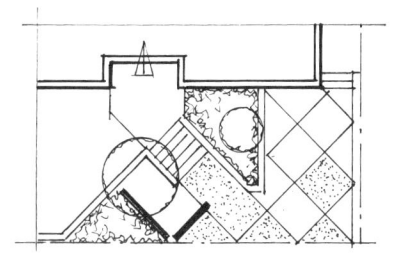

玄関ポーチからの延長上での対角線によるデザインと同じ仕上げ材によるカースペースの土間デザイン

アプローチの石貼からつながりを持たせ、カースペースにつながる石貼の土間

図2　アプローチとの共有で拡がりを持たせたデザイン

❖ 車の動線

　車の進入に際し、タイヤの通る部分（接地部）のある程度の位置を念頭においた土間の仕上げが必要なのは言うまでもありません。石貼やスリットグリーンなどで土間に細い部分や鋭角の部分などがあれば、タイヤの踏圧により剥離、クラックなどの不具合となりやすいので気をつけてください。

　芝生などと土間を組み合わせる場合も、道路面から70〜80cmくらいはコンクリートなどのしっかりとした土間が望まれます。また、車止めなどもコンクリート製だけでなく、デザインの一環として一工夫してみたら、雰囲気が大分良くなります。

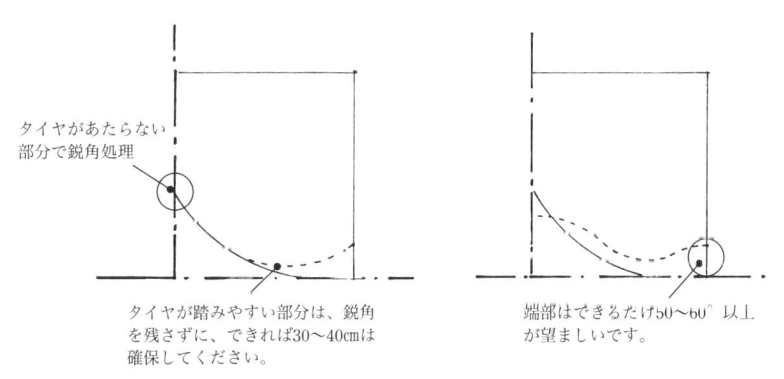

タイヤがあたらない部分で鋭角処理

タイヤが踏みやすい部分は、鋭角を残さずに、できれば30〜40cmは確保してください。

端部はできるだけ50〜60°以上が望ましいです。

図3　タイヤの設置部に配慮したデザイン

> **point**
> ＊門廻りに隣接しているカースペースの場合などは、門、壁面からのつながりを持つラインや仕上げ材に一体感を持たせるようなデザイン処理が必要。

第8章　カースペース・ヤードスペースの設計

73 ヤードスペースの考え方（I）

　建物の外部空間におけるヤードスペース（ゾーン）は道路に接するファサードゾーンのフロントエクステリアと、プライベートゾーンの庭の空間と共に快適な外部住環境維持のための重要なゾーンではありますが、現実的には物置、物干し場、ゴミ置場のためのスペースくらいに、考えられがちです。確かに、作業空間の役割としては洗濯物を干す場所や屋外収納スペース、ゴミ置場としてのサービス空間ですので便利で使いやすい場所、スペースの確保、動線上の配慮などが最優先ですが、家事もできれば楽しくこなしたいものですので、利便性ばかりでなく、家族が積極的にかかわれるような明るいヤードスペースの計画が大事といえます。

　そのためには、専業主婦か共働きの家庭か、から始まり、積極的に家事を楽しむタイプか、効率良く済ませたいタイプか、家庭菜園（キッチン、ベジタブルガーデン）や環境共生にも興味があるかなど、ヤードスペースの持つ機能のうえに、遊び空間をプラスした考え方までの展開が必要になります。

❖ **各部共通コンセプト**

- **安全性**　：作業時の安全性を充分に確保することや、夜間及び留守時の防犯対策など侵入者の防止にも配慮されている。
- **維持管理**：地面や土間の部分が水洗いができたり掃除などがやりやすいような仕上げとなっていたり、土、埃、砂埃などに配慮されている。
- **利便性**　：作業スペース、動線を考えた使い勝手の良い空間として配慮されている。
- **審美性**　：勝手口周辺というのはつい雑然としがちな空間ですが、見た目にもすっきりとした外観や収納方法などに配慮されている。

❖ **勝手口周辺**

　勝手口の通路幅は比較的狭い場合が多いのですが、買物袋などの荷物を持ったり、傘をさして通り抜けるためには少なくとも90cmから1.2mくらいの幅に余裕を持たせることをおすすめします。

　ヤードゾーンには建物の室外機や給湯器、温水器なども設置されることが多く、意外と窮屈な空間になりがちですので、当初から設置スペースなどの確認が必要といえます。ゴミの分別など考えたら45ℓ程度のバケツが最低2

図1 勝手口に必要な通路幅

荷物を持っている場合 900mm以上

傘をさしている場合 1200mm以上

個は置けるスペースの確保は必要といえます。土間の仕上げは水洗いなどで清掃しやすいコンクリート仕上げ、タイル貼などがおすすめで、水はけを考慮した側溝などが必要になる場合もありますし、周辺清掃のために立水栓などが近くにあると便利です。

　南側接道の場合は、建物の北側や東西の北側よりに勝手口が設置される場合が多く、勝手口周辺のヤードゾーンとしてみれば、洗濯物を取り込んだり、ビール瓶などを置くために、簡易的な屋根は欲しいところです。ただ、簡易的屋根を持つテラス（エクステリアの場合、建物外壁などに接して取り付けられる柱、屋根などを持つ構造物のこともテラスと表現しています）も形状としては建築物になりますので、北側に接する隣地側に対しての配慮が必要といえます。良好な近隣関係のためにも、できれば隣地側より50cmくらいは離した位置での施工や、テラスの前面（隣地側部分）にはアクリル板などのテラス内が見えにくいような配慮が大事になります。

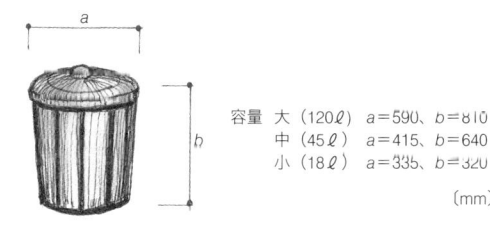

容量　大（120ℓ）　$a=590$、$b=810$
　　　中（45ℓ）　$a=415$、$b=640$
　　　小（18ℓ）　$a=335$、$b=320$
(mm)

図2　ゴミバケツのサイズ

point
＊ヤードスペースの計画は動線上の使い勝手と共に、洗濯物を干したり、ゴミ置場としての作業空間なので、便利で使いやすいような計画が必要。

74 ヤードスペースの考え方（Ⅱ）

❖ カースペース周辺

　カースペースを「車を入れる」だけでなく、「車も入れる」という考え方に少しだけ広げてみると、そこは屋外作業スペースとして、子供の遊び場としてなど、車のない時にはさまざまな多目的空間としての使い方ができますので、カースペースもある意味ではヤードスペースの一角といえます。

　カースペースの奥行方向に余裕を持たせ、勝手口周辺からのユーティリティー空間とセットにすることにより、作業しやすい快適な空間が生まれます。

　カースペース周辺には立水栓を設置し、洗車したり、ペットの洗い場とし

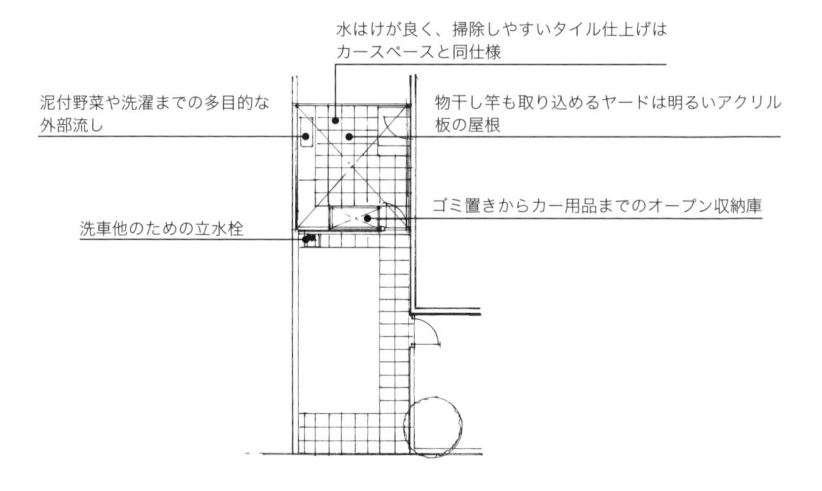

- 泥付野菜や洗濯までの多目的な外部流し
- 水はけが良く、掃除しやすいタイル仕上げはカースペースと同仕様
- 物干し竿も取り込めるヤードは明るいアクリル板の屋根
- 洗車他のための立水栓
- ゴミ置きからカー用品までのオープン収納庫

オープン収納庫やタイル塀がヤードとの間仕切り壁としての効果を持ち、ヤードとカースペースの同じタイル貼が一体感を演出しています。

ヤード内部は外部流しを中心に、洗濯物も取り込める多目的な明るく広々としたスペースです。

図1　カースペースと一体となったヤードスペース

て使うなど多目的機能を持たせています。建物勝手口周辺には、外部流しやゴミ置場、タイヤなどのカー用品等のオープン収納スペースを設けたり、洗濯物なども取り込めるような明るいアクリル板などの屋根があれば一層、ヤード空間として家族全員が快適に使えるスペースになります。

❖ 物干し場

　衣類乾燥機も大分普及してきていますが、一般的には洗濯物は天日干しされる場合が多く、日当たりの良い庭やベランダなどに干され取り入れられます。また、干すものの種類や天候の状況などにより、ベランダや屋根のあるヤードスペースなど複数に点在している場合が一般的です。

　物干し場の計画は日当たり、風通しの良さと建物内外からの視線に対する配慮、建物内と物干しスペースとの一連の動線チェックなどを踏まえて進めることが大事といえます。特に庭やカースペースなどに洗濯物を干す場合、建物内部からだけでなく、道路面、隣家からの視線カットの工夫が必要です。

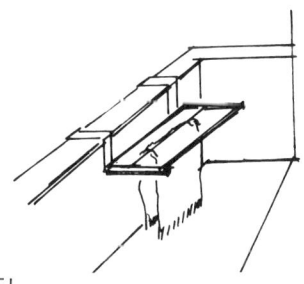

図2　ベランダ用物干し

❖ 屋外収納（物置）

　据置型物置はサイズも奥行方向（500〜2900mm）、開口方向（1050〜6000mm前後）と数多くあり、外観イメージも大分良いものがありますので、物を持った状態での動線上ゆとりのある空間を確保して、設置場所、物の出し入れの利便性、必要に応じた視線カットなどに配慮して、計画を進めてください。

> **point**
> ＊カースペースは、「車を入れる」だけではなく、「車も入れる」という視点で個々の建築主に応じた提案が望まれる。

第8章　カースペース・ヤードスペースの設計

住宅エクステリアの歴史③
街並みとしての意識(1980〜1990年代)

　1980年代に入ると日本経済の高度成長に伴い、物質的な側面がある程度満たされ始め、量から質への転換などのいわゆるソフト化トレンドの傾向が強くなり始めました。そのなかで、経済の発展に比較して住生活の貧しさが指摘され、住生活の向上を図る各種施策が動き始めた時期といえます。また、ランドスケープ的な視点での住環境に対する環境庁の「アメニティータウン構想」（1980年）、旧建設省の「景観形成推進協議会設置」（1980年）等の各種施策は個々のエクステリアだけでなく、街並みとしての住環境の重要性の認識が動き始めたといえます。

　エクステリアに関しても今までのクローズ外構一辺倒から、車の所有台数が増えたことやトータルコーディネートという視点からもオープン外構が街並みづくりの共同分譲などの現場を軸に各地に広がっていきました。エクステリア関連の商品も整備され、高級志向が見られるようになり金属系、コンクリート系、輸入煉瓦など土間舗装材も含め活性化していくなかで、オープン外構の構成材として、街並みにつながるフロント部分に緑(植栽)が重要なアイテムとして用いられ始め、カースペースの土間デザイン等も重視され始めた時期といえます。

街並みづくりの一環としての共同分譲住宅で、建築のデザイン、色等にも規制を加え、フロント部分は門、アーチなども同一仕様による共通外構として一体感のある街並みとしています。車は2台分は確保できる形とし、緑(植栽)を効果的に配したオープン外構です。

輸入住宅による街並みのフロント部分で、写真だけ見るとあたかも海外の住宅地のようです。前面道路が曲線処理のため、柔らかい雰囲気を醸し出し、ファサード部分の構造物、植栽などに一定の規制をかけていることもあり、ゆとりのある一体感を感じさせてくれます。

第9章
エクステリア計画における効果的な緑（植栽）の設計

75 緑（植栽）の効用と役割

　緑（植栽）の持つ機能と役割は、大気汚染防止と浄化、崖崩れ、水害などの防止という環境保全、微気象をコントロールするという地球に優しい効果から始まり、防火、防風、防音などに対しても一定の効果を持っています。

　私達の生活の身近なところでは、プライバシーの保護のために生垣として利用されたり、落葉樹などの木陰により建物の内部への日差しを遮ったり、冬場は日差しを取り入れたり、太陽輻射熱を調節したりもしてくれます。また、人生のメモリーとしての記念樹や地域や場所の目印としてのランドマーク的な存在としての効果も兼ね揃えています。

　ここでは、植物の持つさまざまなフォルムが建築物を含めた敷地全体の外部空間に与える効用に絞り、考えてみたいと思います。

❖ 建築的視点

　建築や門廻り、塀のフォルムは水平線、垂線、対角線などの直線が主体の幾何学的デザインで構成され、材料も木材、コンクリート、鉄などのハードな外観になりやすいので、さまざまな形、色、質感を持つ植物を組み合わせることにより、変化が生まれたり、バランスが取れたりする効果があります。

図1　建築物と植栽

❖ 審美的視点

　建物もエクステリアのデザインにおいても、意匠性（見栄え）という視点でさまざまなことを考えていく訳ですが、造形やシーン（眺め、場面）を演出していくなかで、審美性（美意識とか審美眼）という視点で形が美しい、醜い、おかしいなどの美を的確に判断、見極める能力が必要になってきます。

　エクステリア・ガーデンデザインの場合、人の五感（視覚、聴覚、嗅覚、味覚、触覚）に訴求できるように、植物の持つさまざまなメッセージを取り込みながら、安らぎ、潤い、ゆとりのある空間を構成してゆきます。庭のなかで、水の音、花の香り、ハーブや果樹、素足でのデッキなど五感に通じる

部分は多々ありますが、特に視覚的要素、演出が審美性に大きくかかわってきます。建築物を含めた敷地内の構造物から始まって、「見せたい（見て欲しい）部分」と「見せたくない（見られたくない）部分」が必ずあります。その部分をどううまく処理できるかが、審美的に見た大事なポイントです。

1 隠す効果

建築物の外廻りには、できれば見られたくない、見たくないものがあります。具体的にいえば、物置、洗濯干場、室外機、ガスメーター、会所桝などがあり、ここをどううまく処理するかがポイントといえます。

2 視線をそらす効果

完全に隠すことはできなくても、他の部分に注意を引きつけることにより、あまり気にならなくなったり、ストレートに見えずに何かワンクッションおいて見たら、あまり気にならない場合もあります。ちょっとした工夫とかアイストップ（視線を止める）の仕掛けなどにより、見え方はかなり変わってくるといえます。

3 奥行感を感じさせる効果

造園計画でも通路を曲げて手前に樹木を配することにより、向こうに何かあるのではと期待感や奥行きを感じさせたりすることがあります。ストレートに門廻りや建物の内部を見せないためにも、手前に樹木を配してみたら見え方も雰囲気も大分変わってきます。

階段正面にある床下換気口には目がいかないように横のガーデングッズと花鉢が視線をそらす効果を持っています。

吹き抜けの大きなガラス面がストレートに見えるのではなく、手前のシマトネリコの株立があることにより、内側からの視線も含めて効果的な役割を果たしています。

壁面のタテ樋をすべく隠すことよりも、手前のコンテナと樹木の方に目を向けさせれば樋もあまり気になりません。

図2　植栽による効果的な手法

> **point**
> *エクステリアの部分でも、緑（植栽）を使って隠したり、視線をそらしたり、奥行感を感じさせたりするような効果的な演出方法を心掛けること。

第9章　エクステリア計画における効果的な緑（植栽）の設計　175

76 門廻り周辺の緑（植栽）の考え方

　古い住宅地のクローズ外構の門廻りには必ずと言っていいほど「門冠り」のマツ、マキなどの仕立物の樹木が植えられているケースを多く見受けます。住宅の様式の多様化に伴い、クローズ外構からセミクローズ、オープン外構へと推移していくなかで、このような「門冠り」の樹木を植えてある現場は、最近は極端に減少しています。

　顧客動向としては、樹木に対しても自然樹形の柔らかな雰囲気を持つ樹木に対してのリクエストが多く、毎年毎年、葉刈、剪定などの手間のかかる仕立物は敬遠されがちです。確かに自然樹形の樹木は柔らかく雰囲気もあるのですが、放置しておけば成長してかなりの高さ、幅が出て巨大化したりします。門柱前面部などに植え込む場合、最初は小さくてもあっという間に大きくなったり、枝がポスト、表札を隠したりする場合もありますので、樹種選定に気をつけてください。

図1　門冠りのマツ

図2　自然樹形のシマトネリコ（株立）

図3　門柱周辺の樹種選定の問題事例
大きくなったゴールドクレストが表札、照明、ポストなどを邪魔しています。

門の前に植えられたオリーブですが、2～3年もすると、インターホンの邪魔になります。

❖ 樹種選定

　門柱周辺はシンボルツリー、ランドマーク的存在感のある樹木が欲しいと

ころですので、建物の雰囲気、庭のイメージ構成に合った樹種の選定が大事です。ただし、イメージだけを先行させるのではなく、植込みスペースと門廻りの表札等の位置及び樹木特性に配慮した樹種選定が望まれます。

　また、門廻りの手前に植栽を配することにより奥行き感を感じさせたり、玄関の位置が近い時などは視線カット、アイストップの効果を持たせることができます。完全に目隠しをするという必要はありませんので、一般的には柔らかい落葉樹（ヤマボウシ、エゴ、シャラ、モミジ他）などがおすすめです。

図4　門廻りの手前の植栽

和風門の前に植えられたモミジが奥行き感を演出しています。

❖ 植込みスペース及び構造物基礎取り合い

　門、壁などの構造物近辺に植栽計画をする場合、樹木高に応じた余裕のある植栽スペースと植込み位置が求められます。門柱などの基礎のフーチング部分が根鉢に当たったり、植桝部の水が抜けなかったりすることもありますので、構造物の基礎形状を植込み位置により、基礎ベース芯を偏芯したりする処置が必要になります。

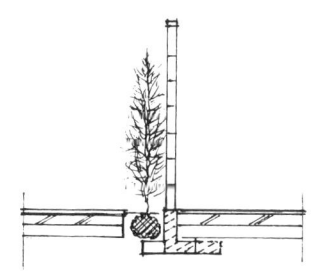

図5　植栽と構造物基礎取り合い

構造物の基礎フーチングが植栽の支障にならないような偏芯基礎

point

＊門柱前面部などに自然樹形の樹木を植える場合は、言うまでもなく、数年後の成長した時にポスト、表札などに支障を与えない樹木選定が大事です。

第9章　エクステリア計画における効果的な緑（植栽）の設計

77 道路面の緑（植栽）の考え方

　良質なエクステリアの要件の一つが、住まいと街並みをつなぐ半公共性のある空間に対する処理がいかになされているかということです。具体的には、圧迫感、威圧感のある単調な塀などで構成するのではなく、道路面の緑（植栽）をどう効果的に演出するかです。

　わずか15～20cm前後のスリット部の植込みスペースでも壁面の表情を大きく変えてくれますし、道路面の生垣、2段植栽などさまざまな緑の効果的な演出で、緑豊かな潤いのある、四季の変化のある街並み形成につながります。

道路面と同じレベルでの芝生面と、高さを少し持たせた柔らかい曲線の木端積の植込みスペースが効果的です。

道路面から約80cm程度後退した位置の塀の前面部に植え込まれた低木が石積の高さ解消にも役立っています。

道路面からの2段植栽と生垣による緑の仕掛けが、後退した門柱の位置と共にゆとりのある空間を構成しています。

道路面の石積を少しだけ斜めに積んだ上部の植栽スペースが、背景の木柵と良く調和しています。

図1　緑が効果的な道路面のエクステリア事例

❖ 樹種選定

　植込みスペースの幅にもよりますが、特にこの樹種が向かないというのはありません。低木からグランドカバーの選定にあたり、道路面が南側、北側によっては多少、日陰に強い樹種を選定するくらいで、むしろ全体構成のな

かで、木本性植物（幹が木質化するもの）、草本性植物（幹が木質化しない、一般的に草、花）をどう配分するか、落葉性、常緑性の組み合わせをどれくらいにするか等の配慮の方が大事です。

最近は宿根性の草花などを多用する傾向がありますが、宿根草の花期は一年草に比べるとはるかに短いし、落葉性のものが多いので、夏場のシーンだけではなく、冬場のシーンに配慮した仕掛けが必要となります。

春から夏の草花など彩り溢れる時期は、トピアリーのペンギンも周りのシーンに同化しています。

秋から冬の落葉の時期になると、周りが急に寂しくなりますが、葉に隠れていた車輪やペンギンが主役となります。

図2　季節によるシーンの見え方

❖ 壁面スリットと植物の組み合わせ

どうしても壁面を道路面から後退して植栽スペースが確保できない場合でも、壁面にやや大きめなスリットというか開口部をつくり、その後方の植栽とのコンビネーション効果を持たせたり、小窓やスリット部からの蔓性植物を垂らすことによっても、道路面に対しての演出効果は可能です。

空洞ブロック積の塀からは、蔓性植物や内部に植え込まれた樹木の枝葉が演出効果を高めています。

塀の高さが変わる部分の大きなスリットは、後方のヤマボウシとのコンビネーション効果を考えています。

図3　塀の開口部における植栽効果

point

＊住まいと街並みの接点には、少しのスペースでも緑（植栽）をうまく使うことにより、門廻りにもゆとりが生まれ、良好な街並み形成の一歩に。

78 カースペースの緑（植栽）の考え方

　最近は広いカースペースの土間には、伸縮目地を兼ねて何らかのデザインをされるのが一般的で、煉瓦、小舗石などからスリットグリーンなどさまざまな素材や手法があります。

　植物をうまく用いることにより、コンクリートの無機質で味気のない感じを、植物の持つさまざまなフォルム、テクスチュア、カラースキームによりカースペースに柔らかさと四季の変化の表情さえも与えてくれます。

車の出入りに支障のないスペースの高木の植込みと、土間のデザインが雰囲気の良いカースペースとしています。

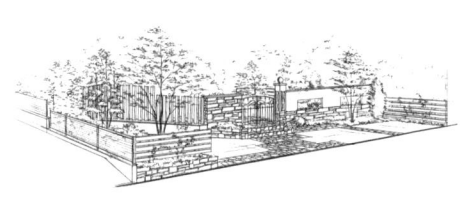

縦列と斜め駐車スペースの組み合わせですが、斜め駐車部分の植栽スペースの樹木が車の空間を包み込んでいます。塀の大きなスリット越しの庭の緑がカースペースの内と外をつないでいます。

隣地側への土留壁面に伸びた蔓性植物はわずか15cmくらいのスペースに植え込まれています。土間と壁面に効果的な緑を配しているカースペースです。

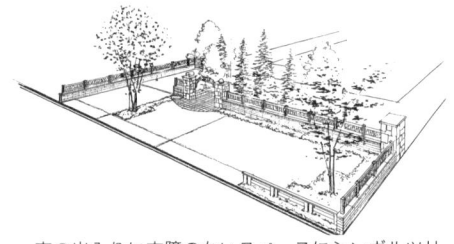

車の出入りに支障のないスペースにシンボルツリーとしての高木と、隣地側には片枝でも見栄えの悪くないネムなどが配されたカースペースです。

図1　植栽デザイン事例

❖ 樹種選定

　スリットグリーンの幅は、タマリュウなどの場合は7〜9cmくらい、芝生の場合は10〜12cmくらいを目安とします。スリットグリーンにおいて、タイヤの踏圧がかかる部分とかからない部分は、植物が成長する形状が大きく変わりますので、メンテナンスに留意すると共に、踏圧のかからない部分に

は後でセダムなどの他の種類の植込みも変化が生まれておすすめです。カースペース全体の空間を包み込むように、車の通行に支障のないスペースへの高木の植込みも効果的な演出をしてくれます。

　隣地境界に近い場所などでは、片枝でも樹形的に見栄えが悪くないネム、カエデ、モミジなどがおすすめです。擁壁などの壁面部は15〜18cmくらいのスペースがあればハツユキカズラ、ハーデンベルギアなどの蔓性植物が平面の単調さをカバーしてくれます。

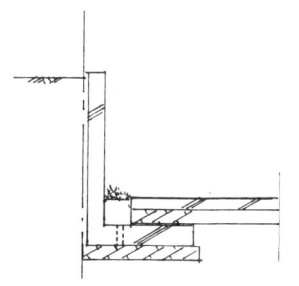

ベース部分に50〜75mm程度のボイド管等を800〜1000mm間隔で入れることにより、植桝部の水が抜けます。

図2　擁壁ベース上部の植込用水抜き処理

❖ 床面ゾロの植込み

　カースペースの植込み部はタイヤが接触するケースもないとは言えませんし、また、土間とのより一体感、ナチュラル感の表現効果を狙い、床面と同じ高さの植込みスペース（床面ゾロ）をしばしばつくります。

　ヘデラなど植物が伸びてきて踏まれる場合もありますが、汚く目立つところはカットするくらいで充分と思われます。

図3　カースペースと床面ゾロの植栽

point
＊カースペースの擁壁及び建築基礎などの壁面と土間面との接点には、スリットグリーンや植栽スペースをつくることにより見栄えが大きくアップ。

第9章　エクステリア計画における効果的な緑（植栽）の設計

79 アプローチからデッキ周辺の緑（植栽）の考え方

　南側道路に接道している建物は、南面にリビング、和室などの間取り構成となる場合が多いです。その場合、玄関の位置によっては門廻りから玄関までのアプローチの南面の庭を横断することにより必然的に建物内部まで視線が入る形となり、一般的には部屋の内部をのぞかれることは避けますので、生垣、竹垣塀などでアプローチ部と庭を分離して完全に見えなくする場合と、完全に目隠しはできなくでも樹木により視線を一部カットしたり、目に付きにくくするなどのアイストップ的な効果を持たせる場合に分けられます。

　敷地の大きさ、庭及び建物側への閉鎖性の要求度合い等によっても異なりますが、あまり広いスペースでない場合、アイストップ的な効果で充分と考えられます。また、リビングに接するウッドデッキ、テラスなどのアウトリビング的空間とも接していますので、アプローチからデッキ周辺のトータルな植栽計画が望まれます。

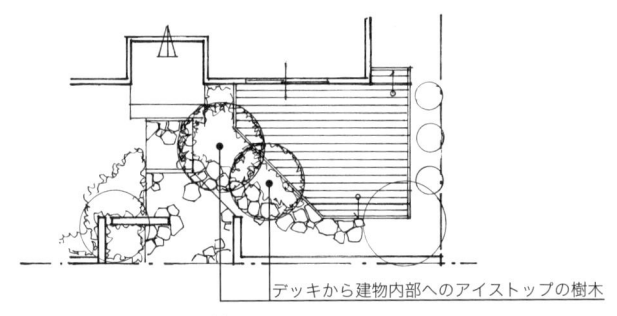

図1　植栽によるアイストップ効果

❖ 樹種選定

　アプローチからのアイストップとしては、より視線カットを考えるのであれば、多少緑量感が出る常緑樹のヒメユズリハ、マテバシイ、シラカシなどの株立がおすすめです。あまり重たい感じではなく柔らかい感じでアイストップ的効果をねらうのならば、常緑樹であればシマトネリコ、落葉樹であればヤマボウシ、エゴなどの株立からさまざまな樹種の選択ができます。

　デッキ、テラスの中央周辺に植えられる樹木は、建物間取りは南側に面したところにリビング、和室などが配置されるのが一般的ですので、夏の強い

日差しに対してはすだれなどで和らげるのと同様に、樹木での日差しコントロールとして「緑陰樹」が考えられます。適している樹木の形は、できるだけ下枝のない落葉樹（夏は日差しを遮り、冬場は太陽光線を取り入れる）です。デッキ等の大きさにもよりますが、具体的には、ケヤキ、アキニレ、ナンキンハゼ、カツラ、ハナミズキ、アカシア類、他です。

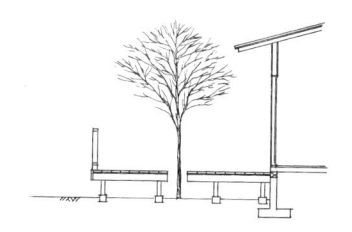

図2　緑陰樹とデッキ

❖ テラス等の植桝径

　石貼、タイル貼などのテラスの一部をくり抜いて高木を植込む場合、植栽を先行する場合は支障はありませんが、土間を仕上げた後で植込む場合は、樹木の根鉢に配慮したスペースの確保が必要です。高さ3m以上の樹木を計画する場合は、余裕を持って少なくとも80cmくらいは欲しいところです。

●鉢の主な種類（鉢高の比率は樹木の高さ等により多少変わります）

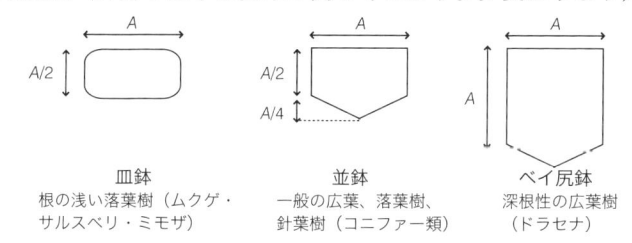

皿鉢
根の浅い落葉樹（ムクゲ・サルスベリ・ミモザ）

並鉢
一般の広葉、落葉樹、針葉樹（コニファー類）

ベイ尻鉢
深根性の広葉樹（ドラセナ）

図3　鉢の種類

●樹高と鉢寸法の大まかな関係は、並鉢の落葉樹の場合は鉢径が$H/6$、鉢高が$H/10$、常緑樹の場合は落葉樹の15～20%増で、鉢径が$H/5$、鉢高が$H/7$。

表1　鉢径と鉢高

H	1.0～1.5	1.5～2.0	2.0～2.5	2.5～3.0	3.0～3.5
鉢径（cm）	20～25	25～35	35～40	40～50	50～60
鉢高	15～18	18～20	20～25	25～30	30～35

point
＊デッキやテラス周辺には日差しコントロールを含めた「緑陰樹」を配し、アプローチ周辺にはデッキ等に対してのアイストップを兼ねた樹木が欲しい。

第9章　エクステリア計画における効果的な緑（植栽）の設計

80 隣地側に対する緑（植栽）の考え方

　緑（植栽）の持つ効用、機能はさまざまなことがあげられますが、プライバシーの保護という側面も持っています。生垣による道路面から庭など敷地内への視線カットや、隣地側建物開口部に対する目隠しなども植栽の大事な役割です。

　また、玄関ホール正面の坪庭や浴室前の庭なども、隣地側からの視線カットという側面があり、竹垣、木塀などと組み合わせて植栽が用いられています。

　建物玄関が東入り、西入りの場合などでカースペースとアプローチが併用される場合なども、隣地側に対して単調なブロック塀だけではメイン通路としては味気のないもので、塀のデザイン処理と同様にトレリスに蔓性植物をからませるなど、効果的な緑の演出が望まれます。

　このように隣地側建物及び隣地側構造物周辺には目隠しから始まって、さまざまな緑（植栽）の一工夫が欲しいところです。

❖ 樹種選定

　部屋の中から隣地の建物や開口部などがストレートに見えるのを避けるために、アイストップの樹木や視線をカットするための処理が必要ですが、比較的狭いスペースですので、あまり大きくなる樹木は避け、剪定などで樹形のコントロールできるものを選びましょう。建物の西側開口部の西日除けなどにも配慮された植栽計画が望まれるスペースです。西日により葉焼けなどをおこしやすい落葉樹より、すっきりとしたアラカシ、シラカシなどの常緑樹やダイミョウチク、クロチクなどの細い竹などがおすすめといえます。

　生垣も隣地側に対しての目隠しとなりますが、生垣の場合は定期的に刈り込むことにより、高さや幅をコントロールしていきますので、当然、両面からの刈り込みが必要となります。刈り込み時には隣地側敷地からの作業となり、隣地側の承認が必要となりますので、近隣関係への配慮も考えると、できれば避けた方が良いのではと思います。特に隣地側がかなり低い場合などは、足場等による作業となりますので、他の方法による目隠しが賢明といえます。

建物内部からの視線

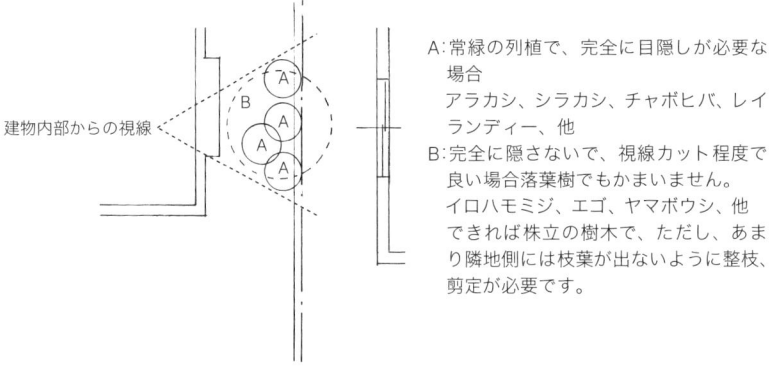

A：常緑の列植で、完全に目隠しが必要な場合
アラカシ、シラカシ、チャボヒバ、レイランディー、他
B：完全に隠さないで、視線カット程度で良い場合落葉樹でもかまいません。
イロハモミジ、エゴ、ヤマボウシ、他
できれば株立の樹木で、ただし、あまり隣地側には枝葉が出ないように整枝、剪定が必要です。

図1　隣地側に対する植栽事例

❖ ブロック塀など構造物基礎取り合い

隣地側境界部に施工する構造物の基礎フーチングは、当然、自分の敷地内にしか施工できませんので、基礎根入れと植栽スペースの深さ、水が抜けるか、ベースにあたらないかなど充分な配慮が必要なのは言うまでもありません。

長い距離の塀にトレリス仕立ての植物を計画する場合は特に気をつけてください。

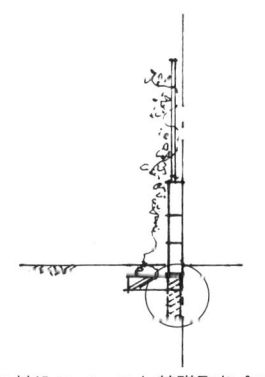

隣地側にトレリス仕立ての蔓性植物や他の植込みをする場合、ブロックなどの基礎が邪魔にならないように留意してください。

図2　境界部の植込スペースと基礎取り合い

point
＊隣地側に対する目隠し、アイストップの樹木は、あまり大きくならないものか、剪定で樹形を維持しやすい樹種または蔓性植物を効果的に使用する。

第9章　エクステリア計画における効果的な緑（植栽）の設計

81 イメージ別対応樹種選定の考え方（Ⅰ）

　以前は和風、洋風の建物、エクステリアに合う樹木というものが特定されていましたが、最近はさまざまな様式を持つ建物が増え、植栽計画においても樹種の選択が多様化しています。庭木といえばマツ、マキなどの仕立物が主流で、葉の色も緑色が当たり前な感があったり、洋風といえばドラセナ、フェニックスカナリエンシスなどの暖かい地域のいわゆる特殊樹木などが多用されていました。

　ところが、ここ15年前くらいからカラーリーフという葉の色が黄葉、青葉、灰葉、赤銅葉などのものから、斑入り葉や品種改良、輸入種、山からの新しい仲間の樹木など、さまざまなものがいわゆる「新樹種」として使われ始めています。エクステリアの表札、ポストなどの商品、商材などが飛躍的に増えたのと同様に、植栽材料も非常に増えているといえます。

　シンボルツリーを含め、建物のイメージにできるだけ合いやすい樹形、色などを持つ樹木による全体イメージの構成につながるような選定が大事です。

❖ 南欧風

1 全体イメージ構成エレメント

青い空、白い壁、塗壁、スパニッシュ瓦、ロートアイアン系、アンティーク煉瓦、石畳、テラコッタ、パティオ、壁泉、カジュアル系、曲線、自然素材、暖色系配色

2 樹木～グランドカバー

・樹木の葉は、青い空、白い壁などのコントラストから、カラーリーフ系、斑入り系が効果的です。
・葉の形、花の色なども個性的で、特に花は原色に近いビビットカラーを選択します。
・ドライな環境もあり、ヤシ類、柑橘系、セダムなども適します。

中～高木	低木～グランドカバー
オリーブ、ゲッケイジュ、ミモザ、コニファー（カラーリーフ系）、ネム、アカシアフリーシア、キョウチクトウ、ドラセナ、ワシントニアヤシ、ブラシノキ、ベニバナトチノキ、柑橘系、ベニバスモモ	エニシダ、ノウゼンカズラ、セダム類、グラス類（カラーリーフ）、シロタエギク、ニューサイラン、ローズマリー、ヘメロカリス

❖ 英国風

1 全体イメージ構成エレメント

整形式、非整形式、煉瓦、石積（層積、小端積）、石畳、ロートアイアン系、壁泉、ベンチ、オベリスク、テラコッタ、ハンギングコンテナ、クラシック系、ダークトーン、スモーキーカラー、ロイヤルグリーン

2 樹木～グランドカバー

- 常緑樹は整形に仕上がるコニファーや多少葉の大きなもの、カラーリーフは適度に混ぜる程度で充分です。
- 全体にあまり派手さはなく、多少シェードガーデン的な潅木や下草イメージが合いやすいです。
- 全体がボーダーガーデン風な植栽配置と、フォルム、カラースキームに配慮が必要です。

中～高木	低木～グランドカバー
イチイ、トウヒ、モミ、カツラ、タラヨウ、アカシアフリーシア、ハナミズキ、スモークツリー、ノルウェーカエデ、キングサリ、ネグンドカエデ、ナナカマド、ベニバスモモ、カラタネオガタマ	西洋シャクナゲ、バラ、エリカ、ラベンダー、ローズマリー、ギボウシ、クリスマスローズ、冬芝

❖ アメリカン

1 全体イメージ構成エレメント

青い空、芝生マウンド、ウッドデッキ、ウッドフェンス、アイアン系、煉瓦、枕木、多少ドライ、テラコッタ、花車、ベンチ、プール、クラシックカジュアル系、暖色系、曲線

2 樹木～グランドカバー

- 明るい開放感のなかに、単植よりは3～5本と組んで植えた場合の効果が出やすい、「樹木中心」か「芝生のマウンドにシンボリックな樹木」のイメージが合いやすいです。
- 潅木等も、明るい感じの花、葉が中心で、できるだけ寄植での面積効果を出します。

中～高木	低木～グランドカバー
トウヒ、モミ、アキニレ、ユリノキ、シラカンバ、トウカエデ、アメリカフウ、ハナミズキ、ネグンドカエデ、ギンドロ、ピンオーク	西洋シャクナゲ、カルミア、宿根バーベナ、ダイアンサス類、シバザクラ、マーガレット、ユリオプスデージー

> **point**
> ＊「新樹種」という新しい樹木が雑誌、ネット上で発信されているが、樹木特性、材料の規格、流通等を事前に充分確認したうえでの選定が肝要。

82 イメージ別対応樹種選定の考え方（II）

❖ メキシカン

1 全体イメージ構成エレメント

ドライ、スパニッシュ瓦、白い壁、石畳、エスパリア（壁面に果樹他の植物をはわせること）、テラコッタ、ロートアイアン、砂利（白〜赤系）、風倒木（ダム、川などからの倒木など）、車輪、多肉植物、カジュアル系、暖色、ビビット系

2 樹木〜グランドカバー

・南欧風イメージとほぼ同一でも構わないが、イメージ的には高木は少なく、中〜低木で植栽本数、量もそんなに必要はないです。
・足元処理のグランドカバー及び、砂利敷、舗装材とのコンビネーションを中心に、必要最低限の植栽イメージです。

中〜高木	低木〜グランドカバー
ダイオウショウ、オリーブ、ハナズオウ、アカシア、フリーシア、ネム、ドラセナ、ワシントニアヤシ、スモークツリー、ミモザ、ブラシノキ、ユッカ、柑橘系、キョウチクトウ	エニシダ、セダム類、グラス類、ニューサイラン、ヘメロカリス、シロタエギク、ダイアンサス類、ローズマリー、多肉植物

❖ アジアン

1 全体イメージ構成エレメント

亜熱帯〜温帯、モンスーン、仏教寺院、竹・籐工芸品、木彫、格子、水、噴水、ソイル（土）、白い珊瑚、エキゾチック、トロピカル、陶器、非整形デザイン、曲線、ナチュラル感、溢れる色彩

2 樹木〜グランドカバー

・竹類及びバンブー類などのイメージと、落葉樹は個性的な幹や実、花などを持ち、常緑樹は多少大きめの葉で、照り葉（ツバキなどのように葉が光っているもの）くらいの感じが良いです。
・低木からグランドカバーは、あまり目立たない感じの、少し落ち着いた雰囲気のもの、全体としては、カラフルだが、派手さを感じさせない程度の中間色的な花の色を選択します。

中〜高木	低木〜グランドカバー
ザクロ、サルスベリ、ネム、ムクゲ、ギョリュウ、カラタネオガタマ、タイサンボク、シュロチク	チャ、クサソテツ、ハス、スイセン、トクサ、パピルス、アジュガ、竹・笹類

❖ シンプルモダン

1 全体イメージ構成エレメント

人工素材、金属系、ステンレス、RC造、陸屋根、片流れ屋根、面構成、アーバン、モダン、クリア、軽快、直線、対角線、三角形、寒色系、モノトーン・ホワイト・グレーメタリック系配色、対比効果

2 樹木～グランドカバー

- 樹木はできるだけ少なく、1～2本で可（ただし、シンボリックな形）、全体はシンプルな構成とします。
- 落葉自然樹形のフォルムと建物の線、面構成と対比させる（H3.5～4.0は必要）、対比効果を狙います。
- 円錐形状の針葉樹の単植（H3.5～4.0）、または列植（H1.5～2.5）が望ましいです。
- 低木、グランドカバーはできるだけ低くまたは整形に刈込み、種類はあまり多くいりません。

中～高木	低木～グランドカバー
ケヤキ、ヤマザクラ、ヤマボウシ、ハナミズキ、カツラ、モミ、トウヒ、レイランディー、スカイロケット	ツゲ類、ハクチョウゲ、ボックスウッド、ハイビャクシン類、ヘデラヘリックス

❖ ナチュラル雑木風

1 全体イメージ構成エレメント

数奇屋、露地、延段、飛石、蹲踞、流れ、灯籠、拮石組、竹垣、石積、雑木、杉苔、瓦塀、非整形式、インフォーマル、ダークトーン系

2 樹木～グランドカバー

- 自然樹形の雑木が中心で、落葉樹と常緑樹の構成割合は約7～8：3～2くらいが望ましいです。
- カラーリーフ系は極力抑えて、四季の移ろいを新緑、紅葉、黄葉、実の色などで感じさせ、庭のなかの彩りの変化を考えます。
- 花の色を含め、あまりカラフルな彩りは避け、落ち着いた雰囲気のなかにポイント的な色彩効果を狙います。

中～高木	低木～グランドカバー
コナラ、クヌギ、モミジ類、シャラ、ヤマボウシ、クロモジ、マンサク、マユミ、ニシキギ、ミツバツツジ、オオデマリ、アラカシ、ソヨゴ、ヤブツバキ、イヌツゲ、カクレミノ	ハギ、ドウダンツツジ、シモツケ、レンギョウ、ヒュウガミズキ、シシガシラ、センリョウ、マンリョウ、ハラン、オモト、シダ類、クマザサ、コグマザサ、杉苔

> **point**
> ＊シンボルツリー等の選定では、できるだけ建物、エクステリアなどの全体イメージに合いやすい樹種を選ぶことが効果的な演出につながる。

83 壁面緑化、屋上緑化の考え方

わが国において屋上緑化や壁面緑化が一般的に行われるようになってから約30年くらい経ち、1990年大阪「花と緑の博覧会」以降、都市緑化技術開発機構等を中心にさまざまな緑化技術が開発され、ここ10年くらいは行政の屋上緑化等への各種支援策とも相まって、積極的に動き始めています。

❖ 屋上緑化

屋上緑化の効果は、屋上の照り返し防止、屋内の温度を下げることによる冷房等の省エネや都市のヒートアイランド現象の緩和から始まり、植物による浄化作用、心理的効果など、大きな広がりを見せています。また、国や地方自治体の条例による屋上緑化に対する義務付け、指導、助成金制度なども広がりをみせ、都市環境という視点からも今後ますます重要な位置を占めてくると考えられます。

屋上緑化の方法は、屋上を人工土壌等で嵩上げし植栽基盤をつくる方法と、ベランダなどで多用されるユニット式のプランター等への植込み、超軽量化されたマット状への芝生貼、セダム(マンネングサ属の植物の総称)緑化などさまざまな工法があり、今後ますます新しい技術を使ったものが開発されると思われます。

1 荷重(土壌、樹木他)、防水性

屋上では荷重が制限されていて、一般的な事務所、住宅などの積載荷重180kg/m^{2}では自然の土壌(比重1.6)は11cmくらいしか盛土できないので、低木、グランドカバーさえ育ちにくいので、通常はパーライトなどで改良された改良土壌(比重1.1～1.3)、軽量人工土壌(比重0.6～0.8)などが用い

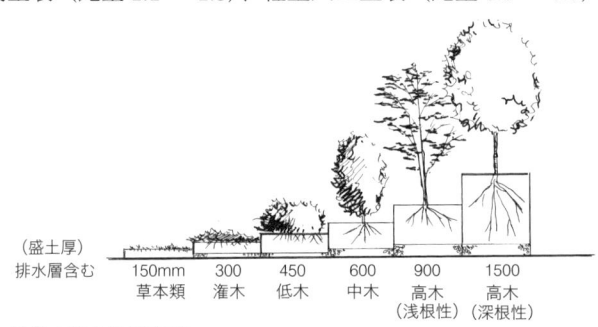

図1　人工地盤の樹木生育空間

られることにより、樹木の大きさに対応できる植栽基盤としての土の厚みを確保してきます。

既存ビルなどの屋上緑化の計画に際しては、構造計算書や積載許容荷重が不明であったり、築15年以上経っていたりしたら、防水層の安全性の確認も必要になります。既存ビルなどの積載許容荷重等が不明な場合は、住宅や事務所などの最低耐荷重60kg/m²は可能と考えられますので、それに対応できる芝生用の超軽量緑化マットなどもおすすめの一つです。また、施工に際しては、防水層を傷つけないように耐根シートなどの設置も必要になります。

2 排水、給水、支柱

屋上緑化で植物の生育等の要件として特に重要になるのは、人工地盤上の薄い植栽基盤の保水性、排水性をどう高めるかということで、一般的には土壌改良と下層排水システムの両面で対応が必要になります。樹木の支柱も根鉢を固定する形のアンカー支柱となり、給水も雨水だけでの対応では充分といえませんので、自動潅水等の処理をおすすめします。

❖ 壁面緑化

英国などは煉瓦造の建物に直接這わせる場合も多く見られますが、日本の場合は、できるだけトレリスなどのパネルを利用した方が望ましいといえます。外壁がRC造、石積、石貼などは直接の方が雰囲気も出ますが、塗壁、吹付の場合、根が肥大化して壁に支障を与えることがありますので、直接はできるだけ避けてください。

また、建物の壁面及びトレリスなどにイタビカズラ、アイビー、ナツヅタ、ツルアジサイ、ハーデンベルギア等の蔓性植物を植栽することにより、空気層をつくり、太陽輻射熱の反射、拡散により室内温を調整します。

図2 煉瓦造建物への壁面緑化(英国)

図3 大型パンチングメタルへのナツヅタ壁面緑化

point

＊建築物に対する屋上緑化、壁面緑化と同様に、ブロック塀、木柵、トレリスなどの壁面に蔓性植物を効果的に用いるのも広義の意味での壁面緑化。

第9章 エクステリア計画における効果的な緑(植栽)の設計

住宅エクステリアの歴史④
アウトリビング化とガーデニング（1990〜2000年代）

　バブル崩壊後、住宅の着工件数も頭打ちの状況とはなりましたが、大手住宅メーカーは比較的堅調で、住宅の品質も格段に向上し、人に優しいとかエコロジー（生態系）対応とか地球規模的環境問題に対応するような考え方が強くなり始めた時期といえます。旧建設省の「環境共生住宅研究会設置」（1990年）を受けて住宅メーカーに環境共生対応商品の動きが出たり、ユーザー（生活者）の建物に対する考え方、志向も変わり始め、住宅の洋風化とも相まって、アウトリビングとしてのより良い外部住空間を求める意識がより顕著になったといえます。

　また、緑、自然、花などをテーマとした「国際花と緑の博覧会」（1990年）の開催からイングリッシュガーデンなどで代表されるガーデニングブームが一気にエクステリアの新しい扉を開いたといえます。今までの鑑賞本位の庭から個々のライフスタイルに応じた生活を楽しむ庭へと大きく変貌し、その延長線上に煉瓦、枕木、樹木、草花といった自然素材を多用した柔らかい曲線を持つカジュアル系のエクステリアが各地で見られ始めました。また、エクステリア関連の商品、商材も輸入品を含め、一気に増え始めた時期といえます。

植物を多用しているカジュアル系のオープン外構で、門廻りの角柱の煉瓦積を隣地境界部花鉢台として配することにより、敷地全体の一体感を演出しています。花鉢台の後方に植えられたネムノキはカースペース空間の間伸びを抑える効果があります。

エクステリアの基本部材であるブロック、門扉、フェンスなどが一切ないエクステリアといえます。一定のシーン（場面、眺め）を維持していくためには、日常の手入れが重要で、誰にでもできるとはいえない部分も持ち合わせています。

第10章
施工

84 敷地（工事場所）と設計図、境界杭の確認

　エクステリアという領域が建築主の意識の変化から始まり、今までとは異なり、さまざまな部分で施工業者としての対応の変化が求められ始めているのは言うまでもありません。どちらかといえば、隙間産業的に発生した業界ですが、外部環境の変化とも相まって、社会的責任というのも出てくるのは当然のことといえます。

　「今まではそうではなかった…」「そんなことは知らなかった…」「こんなものですよ…」ではすまない状態であるのは間違いないといえます。今までは、どちらかといえば設計・施工という形が一般的だったし、「現場で説明する…」「職人さん、業者がどうにかしてくれるだろう…」などが多く、図面としての精度は低かったのが現状です。今後はできるだけ図面の精度を上げると共に、必要な納まり、詳細図などを通じて建築主の承認を取った後での工事着工という形が望まれます。

❖ 敷地の確認

　新興住宅地などで、建物より先行するRC擁壁、車庫等の工事の場合、必ずその宅地が当該宅地であるかは確認の上、着工してください。隣地側に建物が建っているなど何らかの目印があればわかりやすいのですが、そうでない場合は、つい間違えて隣の宅地を掘削していたなど、笑い話にならないこともありますので気をつけてください。

❖ 設計図の確認

　図面は、建替物件などは既存建物の解体前であったり、さまざまな状況で作成しますので、敷地のSGL設定が微妙に異なったり、作成時と建物の配置が異なったりもします。工事着工前にSGL、建物配置、桝位置等について図面との照合を正確におこなってください。特にSGLが10〜15cm以上変わっている場合などは、図面変更等の処置が必要です。

　できれば契約時が良いのですが、遅くとも着工前の打合せ時には門廻りのポスト、表札などの詳細位置、必要に応じタイル割付図、基礎部他標準施工断面等は、建築主への説明及び承認を受けるようにしてください。

❖ 境界杭

　エクステリア工事は、境界線周辺にブロック塀、フェンスなどの隣地側と

の領域を明確にするさまざまな構造物を設置していきます。言い換えれば、境界杭が明確でない限り工事自体ができないということです。新しい住宅地などの場合は造成時に境界杭が明確な形で設置されていますが、古い市街地や田舎などでは境界杭もなく、石積や既存塀などによって代用されている場合も多々あります。また、境界杭はあったのですが工事途中で杭の位置がずれたり、工事の邪魔になるといって勝手に抜いてしまうようなケースもありますので、工事管理上の面も含めて充分に配慮した対応が望まれます。

- 境界杭の立会い、確認、承認を得たうえでの工事着工とします。特に計画図と敷地形状などが相違する場合や、杭らしきものが数ヶ所ある場合などは、工事契約者、隣地所有者など関係者の同時立会いのうえ、境界杭及び位置の確認、承認と進めてください。
- 敷地形状、面積、近隣の施工例などにより、境界線から構造物の位置を多少（約2～3cm）控えた形で施工する場合も、必ず建築主に事前の説明と承認を受けてください。越境することは当然駄目ですが、自分の敷地をより有効に使いたいという気持ちは常にありますので、工事通念上、境界杭から少し控えるのは当たり前などとは思わないでください。
- 重機などによる掘削などの工事で境界杭の動く恐れがあったり、施工上やむを得ずに杭の移動が必要な場合は、必ず逃げ墨を打ってから工事を進め、工事終了後に元の位置がどうかの確認及び復元のうえ工事を続けてください。

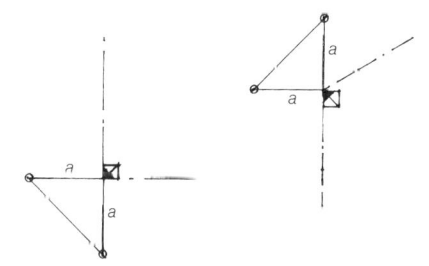

現況の杭位置から直角方向への2ヶ所の逃げ墨を打ちます。

図1　逃げ墨の打ち方

point
＊工事着工は、敷地及び境界杭の確認、建物配置及びSGL、桝の位置等の図面と現場の照合を確実におこない、必要部位の写真撮影後に始める。

85 現場養生及び近隣対策

　建設現場では、隣地住民及び周辺住民とのさまざまなトラブルや苦情が発生します。隣地側及び道路面、ひいては周辺環境への配慮を怠ると工事が続行できない状態になるばかりか、建築主との信頼関係も壊す要因となります。

　特にエクステリアの工事は、隣地及び道路面の境界部分の構造物施工が中心となるため、境界線上のトラブルや工事中に隣地側に迷惑をかけたりして、隣人との関係に大きな問題を残す要因ともなりかねませんので、充分な配慮が必要です。

❖ **現場養生**

　建築工事においては、足場、シート養生という形で建築物本体及び近隣に対しても一定の養生がなされていますが、一般的なエクステリア工事においては、ほとんど近隣に対する養生がなされていないまま進められたり、現場での資材を宅地内に置かずに道路面に仮置しながら工事を進めているケースも多々見受けられます。

　本来、道路は公のものですので道路を使用、占有するにはそれなりの許可が必要なのは言うまでもありません。工期的に短いということもあり、「ちょっと置かしてもらっている」などの甘い感覚もあるのではと思いますが、通行人の安全も含めて、現場周辺の養生対策に配慮することにより、近隣からの苦情に対する防止策につながってくると同時に、近隣に対する細やかな配慮が建築主からの信頼へとつながってくるといえます。

図1　建築工事の現場養生事例　　図2　エクステリア工事の現場養生事例

- 道路面でブロック積などのモルタルを使う工事の場合は、必ずブルーシートなどで養生したうえでおこない、アスファルト部分などにモルタルが付着したりすることのないように配慮してください。側溝（特にU型溝）な

どには、必ず現場掃除のあとのモルタル、ゴミなどが堆積してきますので、工事現場だけではなく、側溝の川下の部分の清掃、汚れ、ゴミの除去などにも気をつけてください。

❖ 近隣対策

　現場養生がある意味では近隣対策の第一歩ともいえ、周りの人が見て安心できるような形での各種現場養生が求められるのは言うまでもありません。近隣対策の一環として着工前の近隣挨拶は一般的にどこの現場でもなされていることですが、工事完了後の「工事中ご迷惑をおかけしました」という挨拶も望まれます。

- 最近は現場で大音量でラジオなどをかけているケースは少なくなりましたが、冬場の早朝からの車のエンジン音、現場での大きな声など、まだまだ近隣に対しての配慮が充分とはいえない場合もありますので気をつけてください。
- 重機等による道路面からの掘削作業、吊り上げ作業等が発生する場合は、基本的には道路使用許可を取り、必要な安全誘導員を配置し、通行者の安全対策に配慮したうえで工事を進めていきます。特に周辺に学校、保育園などがあったり、通学路の場合は必ず掘削時、生コン打設時には安全誘導員を配備してください。
- 煉瓦、ブロックなどを切断加工する場合の騒音や埃なども、近隣に対して充分な配慮をおこなっていないと近所からの苦情となって、工事を中断せざるを得ないような状況になることもあります。特に大きな音や埃の出る場合は、作業スペースの囲い養生や埃防止の集塵機、水養生などをおこなうと共に、近隣住民に対して作業開始前と終了時の連絡、挨拶などが大切といえます。
- 吹付工事などの場合は、宅地内の構造物等の養生のみではなく、状況に応じ隣地側及び隣地敷地内まで踏み込んだ形での養生を完璧におこなってください。特に風の強い日などは、吹付材の塗料が思わぬとこまで飛散して隣の車などを汚す場合などもありますので、充分に配慮が必要です。

> **point**
> ＊エクステリア工事は、隣地及び道路面の境界周辺の工事を伴う。工事内容に応じた現場養生、充分な配慮が近隣対策の第一歩。

86 土工事

　土工事はすべてのエクステリア工事に発生することで、道路と宅地に高低差がなくてもカースペースの土間コンクリートを打設しようと思えば、砕石地業厚100〜120mm、コンクリート厚100〜120mmくらいの掘削は必要となります。高低差のある現場ではRC擁壁の根入れ寸法は少なくとも350〜450mm程度はあり、それに砕石地業の厚みを加えると高低差が1.2mでも1.8m近くの掘削面が出るということです。

　最近は建替物件が増えていますが、隣地側に対してRC擁壁、車庫などを造設する場合、隣地側取り合い及び土質も含め慎重な対応が必要となります。

図1　エクステリア工事に必要な掘削

❖ 掘削（根切り）

- 図面により工作物の必要な幅及び深さを掘削し、掘削底（床付面）の地盤は荒らさないようにし、特に宅造物件等での床掘検査前には慎重に対応してください。また、ブロック基礎、低いRC擁壁ベース等の掘削幅は片側5cm以上、計10cm以上とし、捨てコン、ベース型枠の寸法を確保してください。

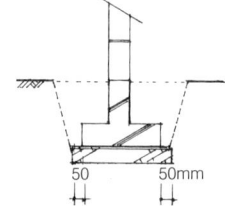

図2　ブロック積ベース型枠のための根切り寸法

- 掘削部床付面の土質が軟弱で、湧水があれば、かま場の造設からのポンプアップや、時には地盤改良が必要なこともありますし、逆に岩盤等であれ

ば、直接基礎が可能なこともありますので、掘削部分の土質状況に応じて作業を進めてください。
- 隣地側の古い石積やブロック塀などの周辺での掘削作業が発生する場合は、隣地構造物基礎の根入れなどが確認されない場合がほとんどです。一気に掘削工事を進めた場合、根入れ不足などにより隣地構造物が崩壊する場合もありますので、掘削高さにより必ず試し掘りをおこなってから作業を進めてください。

1 山止工事

掘削に伴い、土砂の崩壊等の恐れがある場合は、適当な傾斜をつけるか、山止工を検討してください。特に掘削時の深さが1.5mを超える切土や、隣地側に接近した位置での施工の場合は、岩盤もしくは硬い粘土などの崩壊の恐れのない時以外は、基本的に山止施工を営業及び設計打合せの段階から考えておいてください。工事に入ってからの話になると費用もかさむこともあり、建築主に不信感を与えたりしますので、計画段階での検討が大事です。

2 埋戻し

埋戻しは転圧で良く締まる砂質土などでおこない、30cmごとにコンパクター等にて確実な転圧を繰り返します。

3 残土処分

残土は宅地内転用等特記のない場合は、場外に搬出し処分します。残土に汚泥等が混入している場合、「産業廃棄物」の対象となりますので、廃棄物処理法に定められた必要な処理を取ってください。掘削時等の土砂搬出の際は、前面道路の交通障害を防止し、道路を汚さないようにして、必要に応じ安全誘導員、清掃員を配置してください。

4 整地工事

工事完了後は残材、ガラ等を必ず処分してください。花壇などに残材や空き缶などが残っていたらそれだけで建築主の信頼を失います。盛土整地は良質土にておこない、埋戻し部が圧密沈下で下がったりしますので、余盛（余分に土を盛り上げておく）をしておいてください。

> **point**
> ＊隣地側取り合い部分の掘削等の土工事は、特に慎重な対応が求められるので、必要に応じ山止工などの養生工も含めての計画段階からの検討が必要。

87 地業及び基礎工事

　エクステリア業に携わる職方の多くがブロック工、左官工の出身の人が多く、このことは建物からブロック、左官などの湿式部分の工事が急減するなかで、外部のエクステリア工事でのブロック積、左官仕上げの部分に移行してきたともいえます。エクステリア工事も以前のように敷地外周をすべてブロックで積むとか、左官仕上げをするなどの工事がオープン外構と共に減ってきて、門扉、フェンス取付から土間のタイル貼他と多能工化してきています。　もちろん、土木業からのエクステリア進出も多いのですが、絶対量としての職方構成はブロック、左官工が多く、どうしても土木の分野に対する知識、認識に違いがあり、そのことがさまざまな不具合につながる場合もありますので、そのあたりに充分配慮した施工管理が望まれます。

❖ **地業工事**

　砕石、栗石、杭打地業は上部の基礎及び構造物の荷重を受ける部分ですので、掘削床付面の耐力と同様に充分な転圧、締め固めが必要です。最近は砕石による地業がほとんどですが、石積などの場合は割栗石を用いる場合もありますので、設計図書の指定に充分気をつけてください。

1 **砕石地業**

　砕石（クラッシャーラン）は JIS A5001（道路用砕石）C40 を用い、草木片、ゴミなどを含まないものを用い、床付面に平らに敷き込み、コンパクター等で充分締め固めます。再生クラッシャー使用の場合は、品質にバラツキがありますので、ガラなどの混入片がないかも含めチェックが必要です。

2 **栗石地業**

　割栗石は硬質のものを用い、縦に並べ（小端立）て張り込み、目潰し砂利

コンパクター（プレート板）
小型で小回りがきく、転圧板が振動

ランマー
小型で機械全体が飛び上り、落下する力で転圧

図1　コンパクターとランマー（写真提供：三笠建設機械株式会社）

を敷き込みのうえ、ランマーまたはコンパクター等で充分締め固めます。

❖ 基礎コンクリート

基礎の断面寸法は、通常はブロック積高さやRC擁壁等の標準施工断面による施工となります。ブロック積が6段以下など低い場合は、基礎の根入れ等についても規制がないため一般的にはベタ基礎のケースが多く、根入れの深さも20cm前後と浅いため、ベース型枠がない場合もよく見受けられます。

土質にもよりますが、必ずベース型枠を使用してください。その方が工事品質も向上し、建築主から近隣に対しても安心していただける施工といえます。

図2　ブロック塀基礎型枠（写真提供：INAXエクステリア住彩館）

設計基準強度の指定のないRC門柱、擁壁やブロック積の基礎コンクリートは21N（温度補正＋3、＋6）を基準と考えてください。コンクリートの打設終了時は、必要により直射日光、寒気、風雨等を避けるため、湿潤養生、保温養生等の必要な養生をおこなってください。

表1　コンクリート強度の温度補正（JASS5）

設計基準強度	呼び強度（発注強度）		
Fc	気温による強度補正値（N／mm²） （tはコンクリートの打設から28日までの期間の予想平均気温）		
N／mm²	0 （$t \geq 16℃$）	3 （$16℃ > t \geq 8℃$）	6 （$8℃ > t \geq 3℃$）
18	21	24	27

※N（ニュートン）とは、SI単位（国際規格の統一単位）で、以前は210kg／cm²と表示されていたが、現在21N／mm²

point

＊充分転圧された地業工事や、きちんとベース型枠を入れたブロック基礎は、品質の確保と共に、建築主や近隣の人から見ても安心できる施工である。

88 鉄筋コンクリート工事（Ⅰ）型枠

ブロック積の基礎躯体も、RC車庫や宅造法に伴うRC擁壁施工も、エクステリアとしての鉄筋コンクリート工事としての施工領域であることは間違いありませんし、エクステリア業者によっては住宅のRC混構造の施工から手掛けるところまで多様化しています。

ここでは、高さ1～1.5m前後のRC擁壁からRCゲート工事程度までの土木工事等に対して必要な鉄筋コンクリート工事の施工面について、気をつけなければならない内容を説明します。

❖ 型枠工

エクステリアのRC構造物は、擁壁や門柱、ゲートなどが多く、型枠のセキ板は木製（合板コンパネ含む）の日本農林規格のコンクリート型枠用合板12mm厚×900×1800を標準として使用します。型枠を転用して用いる場合は破損箇所を修理し、コンクリート面に接する面は特に良く清掃してから用いてください。

[1] 型枠の組立

型枠の組立は、コンクリート打設中にセメントペーストが漏出しないように、かつ作業荷重、コンクリート側圧、振動等に耐え、たわみ、傾斜等の狂いが起こらないように充分な筋かいなどで補強してください。型枠は墨出しの位置に正確に合致するように組立て、桟木、バタ材、鋼管、締付金具などで固定し、正確な垂直性、水平性が保てるように固定してください。

[2] 型枠の取り外し

型枠の残置期間は、ブロックの基礎程度でしたら1～2日で充分ですが、少なくとも24時間以内には上部に荷重はかけないようにしてください。RC壁の門柱などは5～9月までであれば3日くらいで充分ですが、シャッターゲート、RC車庫などの支保工支柱はスラブ下（版下）で設計基準強度の85%（15℃以上で17日程度）、梁下で設計基準強度の100%（28日）の存置期間が必要といえます。言い換えれば、シャッターボックスのゲート部は梁構造になっていますので、28日くらいは支保工のポストを外すのは避けてください。また、型枠を取り外した後、ジャンカなどの不良箇所があればできるだけ早く補修をおこなってください。

表1　せき板（基礎・梁側・柱）の残置期間（告示1971年110号）

基準打設（月）	5・6・7・8・9	3・4・10・11	12・1・2
型枠存置期間（日）	3（早強2）	5（早強3）	8（早強5）

※上記日数×24時間以上とする

表2　支柱の残置期間（告示1988年1665号）

部分	圧縮強度	平均気温	早強ポルトランドセメント	普通ポルトランドセメント・高炉セメントA種・フライアッシュセメントA種	高炉セメントB種・フライアッシュセメントB種
スラブ下（版下）	設計基準強度の85%	5℃未満	15日	28日	28日
		5℃以上15℃未満	12日	25日	28日
		15℃以上	8日	17日	28日
はり下	設計基準強度の100%	5℃未満	28日	28日	28日
		5℃以上15℃未満	28日	28日	28日
		15℃以上	28日	28日	28日

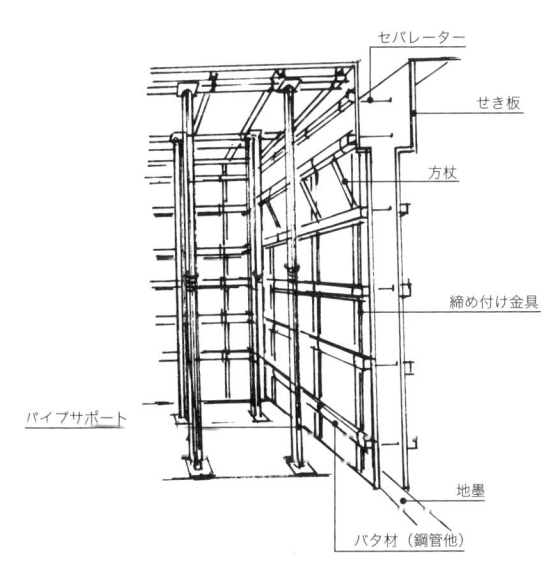

図1　壁、梁、スラブの合板型枠組（出典：石井勉監修・ACEネットワーク著『図解よくわかる建築・土木』西東社、をもとに作図）

point
＊RC門柱やゲート等は型枠の精度、建込みによって構造物の仕上がりにも影響を与えるので、すべてを業者まかせにするのは極力避けること。

第10章　施工

89 鉄筋コンクリート工事（Ⅱ）鉄筋

❖ 鉄筋

1 材料、品質

　鉄筋は JISG3112（鉄筋コンクリート用棒鋼）とし、D13 以下は SD295、D16 以上は SD345 使用を基本とします。土間コンクリート打設時に用いる熔接金網（メッシュ筋）は、車庫用 φ 6, 150 × 150、歩行用 φ 3.2, 100 × 100 を基本とし、一目以上重ねて使用してください。

　鉄筋の品質確認のために宅造申請物件、掘込みガレージ等は必要に応じ、鋼材検査証明書（ミルシート）の提出をおこなってください。

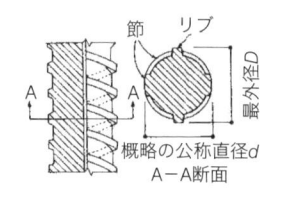

（呼び名）	（公称直径）	（最外径）
D10	9.53	11
D13	12.7	14
:	:	:
D25	25.4	28

サイズは D 6.10.13.16.19.22.25.29.32.35.38.41.51 まであるが、RC 擁壁、掘込み式車庫、などでは D10 〜 29 までを一般的に用います。

図 1　異形鉄筋の公称直径と最外径　(出典：兼歳昌直『建築施工テキスト』井上書院)

2 加工、組立

　加工する鉄筋は、有害な曲がりや損傷のないものを用い、また、加工中にも損傷を与えないように注意してください。鉄筋は、図面表示の正しい位置と間隔で配置し、コンクリート打込みの際に移動、変形しないように充分堅固に組立ててください。このためには、鉄筋の交差点の要所は、0.8 〜 0.85mm 程度のなまし鉄線を用い、正確な間隔で結束し、適当な位置に鉄筋組立用スペーサー等を使用してください。

　鉄筋と型枠のあきは、スペーサーブロック、バーサポート等で鉄筋のかぶり厚さを確保できるように設置し、鉄筋と鉄筋とのあきは、粗骨材の 1.25 倍以上、鉄筋径の 1.5 倍以上とし、かつ、25mm 以上確保してください。

3 継手、定着

　柱や梁、擁壁のベースと立上り壁、ブロックの基礎部など各部位間のコンクリートに埋め込まれた鉄筋が引張りの応力を受けた時に、引き抜かれないように必要な長さを挿入することを「定着」といいます。また、鉄筋を継ぎ足して用いることを「継手」といい、「重ね継手」「熔接継手」「ガス圧接継

手」などがありますが、エクステリアの現場では重ね継手が一般的です。

　ブロックの基礎部に鉄筋を差しているだけ、鉄筋は重ねているけど結束していない…こんな施工では鉄筋の持つ意味合いも全くありません。

表1　鉄筋の定着の長さ（JASS5）

種類	コンクリート設計基準強度（N／mm²）	一般的な定着の長さ	一般的な継手の長さ
SD295A	18	40d 直線または 30d フック付き	45d 直線または 35d フック付き
SD295B	21〜27	35d 直線または 25d フック付き	40d 直線または 30d フック付き
SD345	30〜45	30d 直線または 20d フック付き	35d 直線または 25d フック付き

※鉄筋の異なる重ね継手の長さは細い方の d によります。

4　かぶり

　「かぶり」とはコンクリートの表面から鉄筋の一番外側までの距離をいい、このかぶり厚を確保することにより、初めて鉄筋とコンクリートの長所、短所を補完し合った躯体ができます。設計かぶり厚の標準値は擁壁、基礎、土間スラブなどの土に接する部分で 50〜70mm、土に接しない部分で 40〜50mm とされています。このかぶり厚を確保するために鉄筋組立時に用いるのが「スペーサー」です。

　ブロックの基礎、カースペースの土間コンクリート打設時に鉄筋や熔接金鋼は入っているけどスペーサーがないとか、土間コン打設時にスペーサーもないまま、熔接金鋼を引き上げながら、また、そのうえを踏みながら結果的には「かぶり」が確保できていないことがないようにしてください。

バーサポート　　鋼製スペーサー　　コンクリート製スペーサー

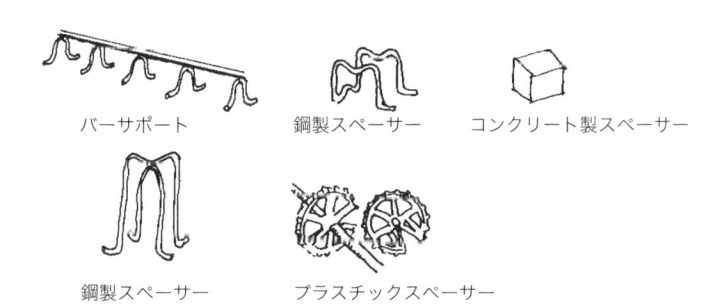

鋼製スペーサー　　プラスチックスペーサー

図2　スペーサー　（出典：兼蔵昌直『建築施工テキスト』井上書院）

point

＊ブロック基礎、土間コン等の鉄筋及び熔接金網のかぶり厚は、必ず確保した施工は当たり前。単に鉄筋が入っているだけでは何の意味もない。

90 鉄筋コンクリート工事（Ⅲ）コンクリート

❖ コンクリート

　コンクリートとは砂利、砕石などの粗骨材と砂などの細骨材及びそれらを結合するセメントと水により構成された塑性の材料で、圧縮力に対しては強く、引張力に弱いため鉄筋・鉄骨（引張りに強く圧縮に弱い）などと組み合わせた構造体としてさまざまなところで用いられています。

　供用期間としては大規模な補修が不要な期間は耐久設計基準強度24N/mm^{2}で、標準はおよそ65年とされています。もちろん、この期間は配合報告書による生コンの品質が確保された形での打設や打設後の養生があってのことで、打設しやすいように水を注入し、水セメント比が変わったり、所定の養生対策が取られないような施工でないことが前提といえます。

1 コンクリートの品質

　JIS認定工場のレディミクストコンクリートの使用を原則としますが、軽微な工事等ではJIS認定以外のプラントや現場練りコンクリートを使用する場合もあります。

　宅造申請物件、RC車庫などの場合は「レディミクストコンクリート配合報告書」の提出により打込み箇所、アルカリシリカ反応、塩化物含有量（0.30以下）、セメントの種類（N＝ポルトランドセメント）、呼び強度及び保証する材齢（28日になっているか）、水セメント比（65％以下）、セメント量（270kg以上）、水（185以下が目安）などをチェックしてください。

　また、必要に応じ現場受け入れ時のスランプ試験、テストピースの採取などもおこなってください。

図1　スランプ試験　　　図2　テストピースの採取

② 打設計画及び打設前の検査

　宅造法申請物件などは、配筋検査が必要となりますので、配筋検査の手直しがある場合も想定し、余裕を持った打設工程が必要となります。また、打設規模に応じ、現場周辺の生コン待機場所の選定やコンクリートの打設方法（シュート、クレーン車、ポンプ車）の検討も充分におこなったうえで打設計画を決めてください。

③ 打設

　コンクリート打設は生コン車、ポンプ車等から遠い区画より始め、手前で完了するのが原則で、打設の際には鉄筋及び配管類、その他埋設物が移動しないように注意してバイブレーターや突き棒などを用い、ジャンカなどが出ないように型枠の隅まで行き渡るように充分に突き固めてください。

　打ち継ぎの場合、コンクリートが軟らかい時は特に配慮する必要はありませんが、凝結が始まってからの打ち継ぎはコールドジョイントの原因ともなりますので、表面の水湿し、セメントペーストを流すなどの処理をしてください。

図3　ジャンカ（豆板）　　図4　コールドジョイント

④ 養生

　コンクリートの打設後は日光の直射、寒気、風雨等を避けるため、その表面を養生シートで覆い、散水その他の方法により適度に湿らせる湿潤養生や、凍害の恐れがある時などは保温養生をおこなってください。

　カースペースなどのコンクリートの打設後24時間はその上を歩行しては駄目ですし、その後でも重い材料を置いたり衝撃を与えないように注意してください。

> **point**
> ＊RC造擁壁、ゲート、車庫等のコンクリート打設に際しては、コンクリートの品質、打設方法、養生等に充分な配慮が必要。

91 コンクリートブロック組積工事

　コンクリートブロックはエクステリア工事の基本部材ともいえ、ブロック塀、門柱、その他下地材として多岐にわたり使用されています。近年、地震等によるブロック塀の倒壊やそれに伴う第3者への被害などがあげられるたびに、ブロック塀の構造の安全性について問われているのが現状です。

　コンプライアンス（法令順守）の見地からも、安全、品質の確保されたブロック積の施工が望まれます。

1. 材料

　コンクリートブロックは JISA5406（建築用空洞コンクリートブロック）の規格に合格した JIS 製品か、もしくは JIS の指定を受けていない工場の製品であっても形状、寸法、強度並びに空洞の大きさなどが JISA5406 規定に適合する品質を有すると認められたものとしてください。また、コンクリートブロックは特記のない限り、C 種ブロックを用います。

　化粧ブロック等はロットが異なったら、たまには微妙な色違いがあったり、割れ、欠けなどがある場合もありますので、施工前の材料検査は充分におこなってください。そのまま組積されたら色違い、割れ、欠けなどが不具合として残りますので注意してください。

2. 塀の高さ、厚さ、基礎の根入れ

　第3章ブロック塀の構造についての部分（p.54）を参考に進めてください。

3. 配筋

　塀に挿入する鉄筋は D10 以上とし、モルタルのかぶり厚は 20mm 以上とします。縦筋は D10 以上の鉄筋でその間隔は 80cm 以下とし、必ず基礎に定着させてください。横筋は D10 以上の鉄筋とし、ブロック1段目及び壁頂に配し、間隔は 60cm 以下としてください。

　また、壁頂に配する横筋は高さが GL より 1.2m 未満のブロック積は D10、高さがそれ以上の場合は D13 としてください。

　スリット、小窓などを設ける場合は、開口部等の補強筋を配してください。

　取り合い部、端部などに補強筋や定着がない場合は、クラックの原因ともなりますので注意してください。

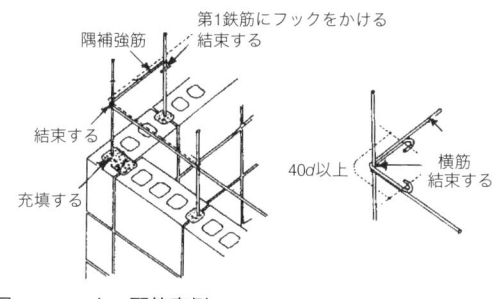

図1　コーナー配筋事例

図2　コーナー部にクラック発生事例

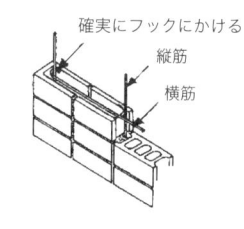

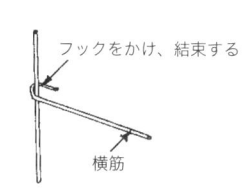

図3　壁端部配筋事例

4 組積

　組積に用いる目地モルタル調合は1：3（セメント：砂）を標準とし、目地幅は10mmで、水平、垂直を正確に1段ごとに積み上げて、1日の積み上げ高さは1.2m（6段）以内を標準としてください。

　空洞部のモルタル充填部位は、鉄筋の挿入位置、ブロック目地部及び隅角部とし、ブロック2〜3段積み上がったごとに充填してください。

5 控え壁

　ブロック7段以上になると控え壁が必要になり、控え壁の高さは塀の高さより40cm以上下げてはいけません。控え壁の基礎はブロック塀の基礎と一体化し、ブロック塀の縦筋の位置を考慮して控え壁の位置を決めてください。

　鉄筋はD10以上を2本とし、横筋は間隔を40cm以下及び壁頂に設け、ブロック塀の縦筋及び控え壁の縦筋にかぎ掛けしてください。

> **point**
> ＊ブロック積の鉄筋は所定の位置に配筋し、必要な定着や結束及びモルタル充填を確実におこなって初めて補強コンクリートブロック造といえる。

92 左官工事

　左官工による各種仕上げや吹付仕上げの壁面の量は、以前に比べたら大分少なくなってきていて、門柱、袖壁なども比較的面積が減ってきています。そのために以前みたいに左官工の門柱、塀などの部分の下地、中塗、上塗という工程がややもすれば軽視されたりして、結果的には塗厚の薄い壁仕上げが見受けられます。

　このことはクラックを誘引したり、場合によっては下地のブロック積の目地が薄く見えるという不具合にもつながりかねませんので、職方まかせにするのではなく、標準的な塗厚、下地処理などの指示が必要といえます。

❖ 下地処理及び養生

- コンクリートブロックは表面が粗面のために付着性は良いですが、目地の不揃い、積み上げの不良部分等の著しいところは下地調整が必要です。
- コンクリート表面状態の不良、付着しているゴミ、埃、型枠の剥離剤、レイタンスなどはデッキブラシでの清掃、高圧洗浄、サンダー掛けなどによりあらかじめ取り除いてから下地調整をしてください。また、コンクリート表面のジャンカ（豆板）などは左官工事にかかる前に補修をして、他の部分と平坦にしておくことが大事です。
- 水分の多い材料を用いるために、寒冷期の凍結防止、高温期の早期乾燥等気象条件に左右されやすいので、作業時間帯、保湿、保温養生等に配慮して作業を進めてください。
- 左官工事の施工にあたっては、近接する他の部材、土間、樹木等を汚したりしないようにシート等で必要な養生は必ずおこなってください。

❖ 材料

　セメントはJISR5210（ポルトランドセメント）の規格品とし、砂は有害量の塩分、泥土、ゴミ及び有機物等を含まないものを使用してください。モルタルの調合（容積比）は下記の表を標準とし、セメントミキサー等による機械練りを原則とします。

❖ 工法

　セメントモルタル塗は、下塗→中塗→上塗の3回塗施工が一般的ですが、この工程では養生期間だけでも、下塗で約10〜14日間、中塗で7日前後と

表1 モルタル塗調合（容積比）

塗付箇所	下地	下塗 セメント：砂	むら直し中塗 セメント：砂	上塗 セメント：砂
外壁	コンクリート	1:2	1:3	1:3
外壁	コンクリートブロック	1:2	1:3	1:3
床	コンクリート	−	−	1:2

工期がかかるため、最近はセメント系下地調整材や上塗材の開発により、工期短縮も含め、通常のセメントと砂による調合とは異なる薄塗工法の2回塗（下塗→上塗）も増えています。塗厚は3回塗（下塗、中塗各6mm標準、上塗3mm）で約15mm前後で、2回塗（下地6mm、上塗3mm）で約10mm前後となりますので、使用下地材による塗厚の違いを事前に建築主に説明しておくことも大事です。

1 床面のモルタル塗

- 10m²を超える床面は、間隔2m前後に伸縮目地を入れて仕上げてください。
- 床コンクリート面のモルタル塗は、剥離防止も含めコンクリート打設後できるだけ早く施工し、モルタルの塗厚は15〜25mm程度を基準とします。
- 塗付けは下地清掃後水湿しをし、堅練りモルタルを均し、タンピングし表面に水分をにじみ出させ、水引き具合を見て、定規を使い勾配を持たせながら金ゴテで平滑に仕上げてください。

2 土間コンクリート直金ゴテ押え

モルタル塗の場合、浮き、剥離が生じる場合もありますので、コンクリート打設後、硬化しないうちに直接金ゴテでコンクリートを直押えとする工法がカースペースの土間仕上げなどには一般的に用いられています。

3 その他工法仕上げ

壁などの左官仕上げは以前は下地、中塗の後に、リシン掻き落とし（白色セメントに大理石1〜5mm程度のリシン、色粉顔料などを混合し、硬化後に金グシなどで掻き落とす）などが主流でしたが、最近は壁材の開発により、シーラー処理と目地処理だけで上塗可能な商品まで出ていますので、施工部位、面積等に応じての選択が可能といえます。

> **point**
> ＊壁面のモルタル下地厚は、材料や職人によっても異なるが、クラックや笠木チリ厚、納まり不良などにもつながるので充分な厚さが必要。

93 吹付、その他工事

❖ 吹付、塗装工事

1 材料

　施工にかかる前に塗料、吹付材の見本を提出し、施主の承認を受けて施工してください。特に色見本などは小さいので、実際に広い面積になった場合、明度なども変わって見える感じがするので、そのあたりを良く説明し承認を得てからの作業が望まれます。

2 下地及び素地調整

　吹付下地の乾燥が不充分な場合は、吹付材の剥離等の原因ともなりますので、充分に乾燥させ天候等により濡れる恐れがある時はシート等で養生してください。大まかな目安として、モルタル下地の場合、夏季で7日以上、冬季は14日以上程度で考えてください。

3 作業環境

　吹付、塗装工事ともに気温が5℃以下の場合や降雨雪、強風などで水滴、砂塵が吹付、塗壁面に付着する恐れがある場合は、作業は控えてください。吹付などの場合はスプレーガンなどを使用しますので、施工面以外の部分に対してのマスキングやシート養生などは確実におこなった上で進めてください。

❖ 煉瓦、タイル工事

1 材料

　煉瓦、タイルは焼成品ですので、焼成温度等により吸水率に差があり、吸水性の高い材料は凍結融解による不具合の生じる恐れがありますので、本来は工事の段階とは異なるのですが、材料選定には充分な配慮が必要です。

　煉瓦、タイルなどは形状、色合いともカタログとは大分異なる場合がありますので、着工前には必ず材料サンプルによる建築主の事前承認を受けるようにしてください。

2 工法

　煉瓦の積み方は縦目地が芋目地にならないように煉瓦割りをして、目地幅10mmを標準とし、1日の積み上げ高さは1.2m以内を目安としてください。組積用の穴の空いている煉瓦使用に際しても、縦筋のみで横筋は本来挿入で

きないタイプがほとんどですので、高さ 1.2m を超える高さの施工は芯ブロック及び躯体があり、積み上げるということを原則として考えてください。

タイルの貼り方も改良積み上げ張り、改良圧着張り、密着張りなどがありますが、門柱などの場合は密着張りのケースが多いといえます。

煉瓦、タイルなどの場合は、白華現象（鼻タレ、粉吹き）で白色に汚れるケースがありますので、施工直後の水洗い、酸洗いを充分やることや、特に粉吹きなどの白華現象が出た後でもマメに水洗いをし、シリコン系撥水剤の塗布などで防止してください。また、煉瓦、タイルの笠木から壁の部分にも汚れが出やすいので、施工直後の撥水剤の塗布をおすすめします。

図1 笠木目地部分からの汚れ

❖ 門扉、フェンス、鋳物工事

メーカー商品ですので、材料的には JIS 適合商品で基本的には問題はありませんが、現場での仮置時に上部に重たいものなどはのせないように保管場所には気をつけてください。

工法的には各メーカーの施工取扱書に準じますが、カーポート柱埋め込み断面などは施工位置等によっては確保できない場合もありますので、必要に応じメーカー施工断面との差異は事前に建築主の承認を取るようにしてください。

門扉フェンス等の取付時にはモルタルなどが付着しないように充分注意し、付着した場合は硬化しないうちに除去、清掃を心掛けてください。

> **point**
> ＊笠木に煉瓦、タイルなどを使用する場合は、たいてい目地からの縦のラインで汚れが出るので、目地部の撥水剤の塗布は確実におこなうこと。

94 植栽工事の材料検査

　エクステリア計画において、緑（植栽）による土間と壁の構成が効果的な空間演出の大事な要素であり、さまざまな効用と機能を持つことは前章で述べた通りです。ただ、コンクリート系、セラミック系、金属系などの他のエクステリア構成材と大きく異なるのが「生物」であり、植物によりさまざまな生育環境、特性、耐性（抵抗力）などを持つということです。

　このことは植栽材料の選定にあたり、さまざまな条件に充分配慮して進めるべきで、施工時に樹種変更が生じないように樹種決定時（一般的には営業設計段階）には細心の注意が必要といえます。特に最近は輸入種、品種改良などの「新樹種」や、今まであまり使ったことのないような雑木などが雑誌、ネットなどで紹介されていて、市場への流通状況など材料上の制約が軽視されがちな傾向があります。

　単なるイメージ先行や、「雑誌で見たら凄く良かった」とかだけでの樹種選定が、「現場レベルでのイメージが違った」「大きくなりすぎて困る」などさまざまな不具合につながる可能性がありますので、充分な配慮が必要です。

❖ 材料

1 樹木規格

　樹木の規格寸法は高さ、幅、幹周などで表示します。個人住宅の場合は高さのみの表示も多く見受けられますが、少なくとも設計段階での樹木イメー

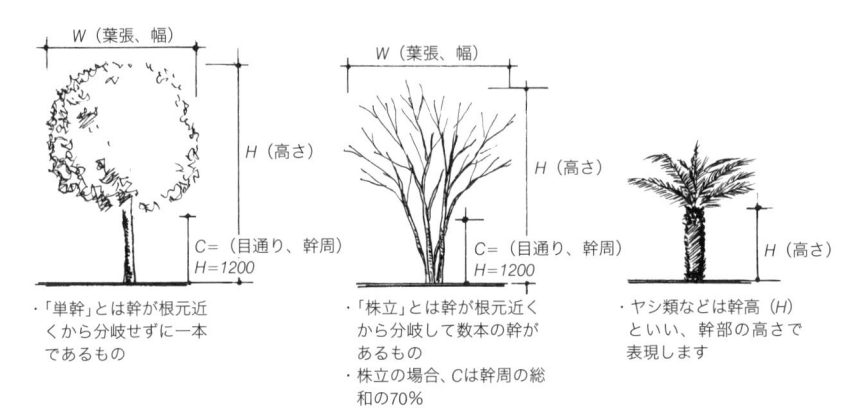

- ・「単幹」とは幹が根元近くから分岐せずに一本であるもの
- ・「株立」とは幹が根元近くから分岐して数本の幹があるもの
- ・株立の場合、Cは幹周の総和の70%
- ・ヤシ類などは樹高（H）といい、幹部の高さで表現します

図1　樹木の規格表示及び樹形

ジの絞り込みのためにも、最低限、幅（葉張）までの図面表示は必要といえます。

2 品質、下検査（下見）

全体樹形としては下枝が適当な高さからあり、枝葉が四方に均等に伸び、密生して整った形のもので、葉の色もみずみずしく病害虫のない栽培品を原則とし、雑木などでの山採り品は植付け時期、方法等に充分配慮してください。根鉢の大きさ、縄及びこもの巻き方、鉢くずれしていないかにも気をつけて、荷卸しの際も根鉢が傷まないようにしてください。

また、材料検査も兼ねてメインツリーなどはできれば事前に建築主に見てもらうことがイメージの違いなどによる工事の中断や、材料交換の防止にもつながりますし、何より建築主が自分の目で確認し、選んだという想いが、その樹木に対しての愛着にもつながってきますので、植付け後の潅水などメンテナンス対策にもつながっていきます。

3 仮置

一般的には材料は車から荷卸しして仮置の状態となりますが、まず荷卸しの際には枝、根鉢などが傷まないように充分注意してください。たまに無造作に投げ下ろしているようなところを見ますが、根鉢が割れたり、根が切れる要因ともなります。

また、仮置から植付けまでの時間が空く場合などは、乾燥している鉢や竹など水揚げの弱い種類には必要に応じ、潅水やあまり陽の当たらない場所などで樹木が傷まないような養生が必要になります。

芝生の場合は、温度が高くなると芝生を重ねている内部が蒸れたような状態になり、傷んだり、色が黄変したりもしますので、現場搬入後、速やかに芝生が貼れるタイミングを考慮した材料発注から工程管理が大事になります。

> **point**
> ＊メインツリーや樹形にバラツキの出やすい樹木などは、事前に建築主に下見してもうらうことが、植込み後のイメージ違いなどの防止につながる。

95 植栽工事の植付け、土壌改良、養生・支柱

　植栽材料の品質が確保されていても、植付け場所の土壌や透水性が悪いのに、必要な土壌改良がなされていなかったり、必要な弱剪定がなされていなかったり、植付け方法、支柱などに問題があれば、植付け後の活着率が悪くなるばかりだけでなく、植付け後の樹勢回復が遅れたり、成長にも影響を与えるのは言うまでもありません。

❖ 植穴、土壌改良

　植穴の直径目安は根鉢径の1.5倍以上とし、深さは根鉢の高さ＋10～15cm程度とし、底部を軽く耕し、鉢の底に空隙ができないように軽く盛った状態とし、埋戻し用の現況土からはコンクリート片、石などは必ず取り除いてください。埋戻し用客土や現況土が粘質土系の水はけの悪い場合は、パーライトなどの透水性を高める土壌改良材を中心に、砂質土系の水はけの良い場合は、保水性を高める効果の強いバーク堆肥、腐葉土を中心に埋戻し用の土の20％程度を目安に混入してください。最近は果樹苗なども良く用いられますが、植桝や土壌改良状況も通常の樹木以上の処置が必要となりますので、そのあたりにも充分配慮して進めてください。

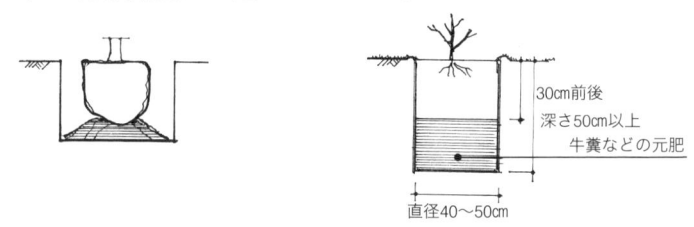

図1　植桝（植穴）の一般的な方法　　図2　果樹苗等の植桝

　水はけの特に悪い粘質系の土壌などの場合は、植桝部の根本的な水はけの改良が必要となります。植物が枯れる要因の大きなものが、根に酸素が行き

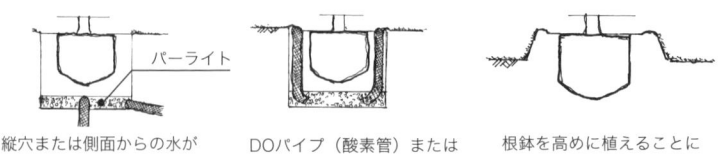

縦穴または側面からの水が抜けるような処理

DOパイプ（酸素管）または透水管等を設置し、酸素補給及び強制排水の処理

根鉢を高めに植えることにより、下層の水はけの悪い部分の影響を排除

図3　水はけの悪い土壌の処理方法

渡らないということですので、植桝部からの水が抜けるか、植桝部に対しての何らかの酸素補給を可能にするかなどの処置が必要になります。

❖ 立て込み（植付け）

一般的には材料屋では弱剪定などの鋏を入れるケースは少なく、それは施工業者、職方の方で状況に合わせて入れるのが原則ですので、植付け前に余分な枝を抜いたり、切り詰めるなどの弱剪定をおこない形を整えてください。立て込み時には樹木の表裏、向き、立ち（地面に対しての直角方向の通り）を一方向だけでなく、必要な方向から良く見て最適な立て込みをおこなってください。

❖ 支柱

支柱材料としては杉の丸太または唐竹などが主に使用されますが、支柱も芸のうちと言われ、支柱の種類、向きなどにも配慮してください。支柱の打ち込み深さの不足や三脚、布掛支柱などのやらず杭不備、結束不良などは、少しの風でも木が倒れるなどの不具合につながりますので気をつけましょう。

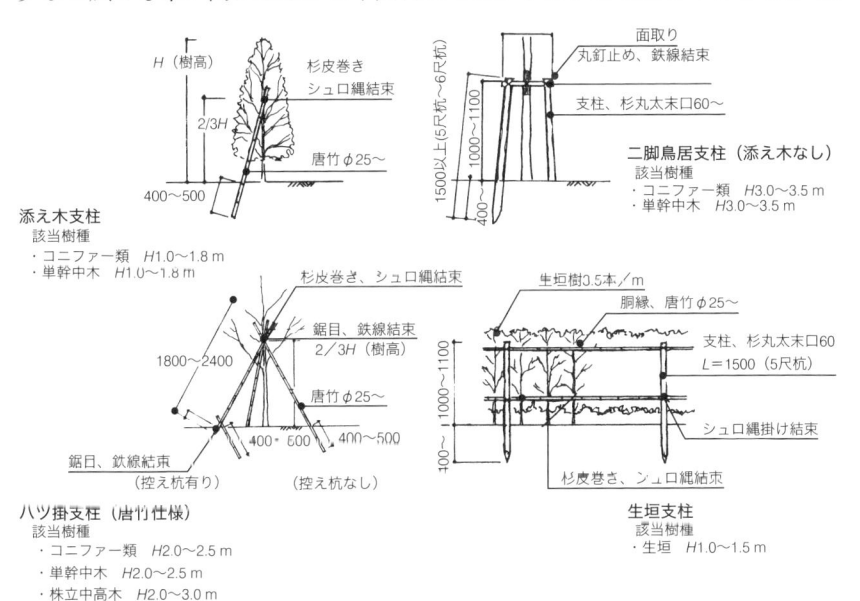

図4　支柱の種類〔特記以外 mm〕

point

＊植付け時には、枯枝や余分な枝を抜いたりなどの弱剪定をおこなって樹形を整え、立て込み時の樹木の表裏、立ちなどのチェックをするのが基本。

住宅エクステリアの歴史⑤
商品、商材の多様化(2000年〜現在)

　バブル崩壊後の経済が低迷した状況からようやく抜け出した2005年以前は、住宅着工件数の先行不安もあり、住宅メーカーの一部淘汰などが見られたり、住設建材業界がグループ二極化の方向に移行し始めました。また、ハウスメーカー、一部工務店も含めて、エクステリアに対しての認識の変化や動きも活発化し、単に外注外構業者まかせではなく、建物と外部住環境（エクステリア・ガーデン）を含めてのトータルな提案という形が増え始めましたが、よりエクステリアの認知、重要度が高まってきた証しともいえます。

　エクステリア関連の情報も雑誌やインターネットの普及により消費者の身近な存在となり、個々のライフスタイルに応じ、十人十色のオリジナリティが求められています。表札（サイン）、ポストなどを中心に壁材、土間材の新しい商品が多く発信されるなか、個々のデザインに対応した選択の幅が広がったり、従来の自然素材中心のみでなく、ローメンテ対応商品等も増えてきています。明るい開放的なカジュアル系も根強いなか、若い団塊世代ジュニアの住宅取得者層を中心に、都会的でスタイリッシュなモダン系の住宅エクステリアが増えているのも特徴といえます。

煉瓦、曲線、塗壁仕上げ、鍛鉄（ロートアイアン）等のカジュアル系の特徴を網羅した門廻り周辺です。煉瓦積角柱とアールの天端を持つ塗壁の組み合わせも効果的ですし、花壇、階段蹴上げに使われたアンティーク煉瓦も全体の足元を引き締めています。

棟数も約100棟近いモダン系住宅のみで構成されている建売分譲の一角です。建物の壁面の色に白、濃紺、茶系と変化を持たせ、画一的にならないよう配慮されています。サインスペースとしてのガラス板以外のポスト、インターホンなどはすべて建物玄関部に設置されています。

第11章
メンテナンス

96 材料、商品、施工特性説明と契約書、保証基準

建設業は一歩間違えれば不具合、クレーム等につながる側面を持っていて、エクステリア工事も同様といえます。特に最近は建築主の目も肥えており、さまざまな情報、知識を持てるような環境になっていますので、当然のことですが、図面・見積書の精度から契約書の中身、事後の点検等を含めたアフターフォロー体制の整備が必要なのは言うまでもありません。

エクステリア工事は建築工事等と比較したら、そのあたりが非常に遅れているというか、未整備な部分が多いと言わざるを得ません。今後、他社との競合や差異化から建築主の真の信頼を得るためにも、そのあたりの意識改革から整備が急務といえます。

❖ 材料、商品、施工特性等の説明

エクステリア工事に使用される材料、商品等が、海外からの商品も含め、ここ数年の間に非常に拡大しているということはすでに述べた通りです。ただしデザイン性、オリジナリティ等を高めるために、商品特性、施工上の留意点などを充分確認しないまま使われてしまうケースもあり、そのことが使い勝手の悪さや思わぬ経年変化を生んだり、メンテナンスの段階で問題を生じている場合もあります。

エクステリアには建築、土木、植物を含めさまざまな分野のトータルな専門知識が必要であり、その知識、情報に裏付けされた材料特性、施工特性などを建築主に正確に伝えたうえでの商品、工法の選択が望まれます。商品の正しい取り扱い方、材料、工法上の特性を建築主に正しく理解してもらうためにも正確に伝える、説明をすることがメンテナンスの第一歩とも言えます。特にポストの出し入れの使い勝手、照明灯の結露、漏電の恐れ、煉瓦、タイル、テラコッタ商品などの吸水率、耐凍害性、石灰岩系他の石材の退色、ハガレ等さまざまな面に充分配慮した材料、商品選択と、それに伴った施主への説明を充分おこなったうえでの契約行為を基本としてください。

メーカー商品のJIS、JASは品質証明の証しでもありますが、プライベートブランド、輸入品等を利用する場合は、充分な確認、配慮が必要といえます。

❖ 契約書の内容

最近はエクステリア工事でも契約書を取り交わしているケースがほとんど

ですが、中身といえば千差万別で、契約書の形をなさないものもたまには見受けられます。建築工事ほど詳しい条文はなくても、最低限必要な項目と保証基準書の挿入をおすすめします。

1 必要な条文（または項目）

工事名、工事場所、請負代金及び支払方法、消費税、着工の時期（予定日）、請負物件の引渡期日、瑕疵担保責任、検査（社内、施主検査）、変更（工事内容、工期、請負代金）に関わる部分、発注者・請負者名

2 添付書類

図面、見積書は当たり前ですが、工程表及び保証基準書、免責事項内容を契約書添付（または、保証基準書等は引渡時）すれば、その場で保証内容、免責事項、商品特性等の説明と確認ができますので、引渡後のメンテナンス時などの対応もスムーズにいきます。

❖ 保証基準及び免責事項

保証基準は基本的には各部位ごとに適用事項、保証期間、適用除外（免責事項）に分けて検討することをおすすめします。適用範囲と免責事項をどこで線引きするかということは非常に難しい面もありますが、できれば数値で表現するか、別資料として写真等でビジュアル化していきます。

例えば、土間のクラック（亀裂）の場合、免責事項の対象となるのが2.0mm以下とか、株立の樹木の枯補償対象としては1株の立本数の40％以上とか、できるだけ客観的にわかりやすい数値で考えてください。保証基準を明確にするということは、工事の品質に対する自主検査等の判断材料にもつながりますので、品質確保のためには極めて重要といえます。

保証期間は樹木の枯補等に関しては、1年というのが一般的ですが、その他の仕上げ工事に関しても2年、基礎、構造躯体に関しては10年というような保証体制を取るところも出てきていますし、個々の会社によって異なっているともいえますが、以前に比べたら保証基準や引渡後の点検体制、メンテナンス体制の整備、中身が向上、充実し始めているといえます。

> **point**
> ＊材料、施工特性などを充分説明し、承認を得たうえでの契約が原則。精度を高めることで建築主の信頼とスムーズなメンテナンスにもつながる。

97 門扉、フェンスなどの金属系材料の手入れ

　門扉、フェンスから簡易カーポート屋根などの金属系商品は施工説明書に準じた施工がなされて、取扱説明書に沿った使用上の注意が守られ、正しい維持管理、手入れがなされていれば耐久性は非常に高いといえます。そのためには、引渡時に使用商品の取扱説明書及び手入れのポイント等について簡単にまとめたようなものを必ず建築主に手渡しして説明することが原則です。商品によっては「注意、警告ラベル」等が貼ってありますので、建築主にはラベルをはがさずに表示されている内容に充分気をつけてもらうように重ねて伝えてください。

　メンテナンス方法としてはアルミニウムなどの金属製品は大気中の汚れからいかに守るかということで、効果的な方法は定期的な水洗いをおすすめします。大気中の埃、煤煙、金属粉、排気ガス、塩分等が表面に付着したまま放置しておくと、湿気、雨水などの影響を受け、腐食が発生する恐れがありますので、汚れが目立つ前に年に1〜2回を目安として定期的な水洗い（汚れの程度に応じ中性洗剤利用）をおこなってください。

❖ **アルミニウム製品**

　アルミニウムは鉄に比べたら錆びにくいですが、汚れを放置していたら腐食の原因ともなりますので、軽い汚れの場合は、雑巾またはスポンジなどで水洗いした後、水あとが残らないようにから拭きをしてください。落ちにくい汚れの場合は、中性洗剤を併用し同様の水洗い、から拭きとし、ペンキなどが付着してしまったら灯油、エチルアルコールで部分拭きをし、中性洗剤、真水で洗い流してください。

　また、酸性洗剤、アルカリ性洗剤、シンナー、ベンジン等は腐食の原因ともなりますので使用しないでください。

❖ **ステンレス製品**

　ステンレスは一般的には錆びないというイメージも強いですが、土、砂、鉄分、潮風などに含まれる塩分などにより、汚れたり、モライ錆といって付着物によって錆が発生したりする場合もありますので、気がついたらできるだけ早い時期の水洗い、から拭きで簡単に除去できます。

　軽い汚れの場合は柔らかい布やスポンジで水拭き、から拭きで充分ですし、

手あかなどがついて汚い場合は、中性洗剤か市販のステンレス専用液を試してみてください。

鉄粉、潮風などでモライ錆をした場合は、ステンレスたわしに中性洗剤や磨き粉（300メッシュ）を付けて擦り取る感じで拭き取った後、洗剤や液が残らないよう充分に水洗いの後、から拭きしてください。目の粗いクレンザー、サンドペーパーは表面を傷めますので使用しないようにしてください。

❖ その他

1 門扉

門扉の落とし棒の穴や引戸レール部分にはゴミ、土などがたまりやすい構造になっていますので、半年に1回くらいは状況を確認し、詰まりかけているようでしたら除去してください。門扉ヒンジの調整金具のネジが緩んでいると門扉が「お辞儀」をしたような状態になる場合もありますので、1年に1回くらいはネジが緩んでいないかも確認してください。

図1 扉が「おじぎ」した状況

2 カーポート屋根

雨樋には落ち葉、ゴミが詰まりがちになりますので、年1回程度は樋から立樋の中までの掃除をおこなうことが樋からのオーバーフロー、雨漏りの対策として必要になります。

屋根の部分は掃除がしにくい部分ですが、汚れたまま長期間放置すると汚れの除去がますます困難になり、梁や桁部分と屋根材の接続部分等からの腐食の原因となりますので、ホース等で上から水洗い等を1～2年に1回くらいのペースでおこなってください。ただし、その際屋根に上がったりはしないでください。

> **point**
> ＊門扉等の金属製品は長期間放置すると、付着した埃、煤煙などと湿気、雨水の関係で腐食発生の場合もあるので、年に1～2回は水洗いが必要。

98 タイル、石材、木製品他の手入れ

　エクステリア工事に用いられる金属系以外の材料としては、コンクリート製品、左官仕上げ、煉瓦、タイル、石材、木製品、竹製品などもメンテナンス等により一定の経年変化はあるものの、比較的美しい状態を保つことができます。使用されている部位が土間なのか壁なのかによってかなり汚れ等は異なってきますが、汚れの原因となるものは、金属系の腐食の要因と同じく大気中の埃、ゴミ、煤煙、排気ガスなどによるもので、一定の手入れである程度減らすことができます。

　タイルなどが白く汚れている白華現象（エフロレッセンス）を寒い時期などよく見かけますが、これも手入れの仕方では発生を抑えたりする防止効果もあります。

　また、最近は家庭用の高圧洗浄機で古い土間コンクリートの表面も綺麗に洗浄できますので、建物の中と同じように外部空間においても一定のメンテナンスをおこなうことにより、見栄えも良い状態で長く使うことができます。

❖ 土間（煉瓦、タイル、石材、コンクリート面他）の汚れ

　通常の土間材の比較的軽い汚れの場合は、デッキブラシ、亀の子タワシ、キクロンタワシなどで汚れ面をこするような状態で水洗いしたら比較的簡単に除去することができます。汚れたまま放置しておけば、汚れ除去が困難になる場合がありますので、できるだけ目に付いたら水洗いでゴミなどを流すようにし、年１回くらいは大掃除の感覚で土間を洗っておけば見栄えも大分違います。

　汚れが強固な場合は、クレンザーなどの洗剤を用いたり、家庭用高圧洗浄機などを用いれば、楽に、短時間で洗い流すことができます。

❖ 煉瓦、タイル、石材などの白華現象

　白華現象は煉瓦、タイル、石材などを湿式工法で施工する時に起こりやすく、セメントの硬化反応に伴って発生する水酸化カルシウムが水に溶けて目地などから染み出し、乾くと空気中の炭酸ガスと反応して不溶性の炭酸カルシウムとなり、白色に汚れたかたちになり、一般的に「鼻タレ」といわれています。煉瓦、ブロック及び目地部分での水分の移動が容易な冬場の、気温が低く、雪、雨などにより湿潤な状態が続く時などに発生しやすいといえま

す。

　対処法としては、炭酸カルシウムが凝固する前の発生後早い段階で水洗い及び家庭用トイレ塩素系洗浄剤を5倍程度に薄めてこすり洗いした後、水洗いを充分におこなってください。施工直後から一定期間内に起こりやすく、その後は徐々に減りますが、目地部分等からの水の浸入（入り口）を防ぐためにも、撥水材の塗布も効果的です。

図1　タイルの白華（鼻タレ）現象

❖ ウッドデッキ、他木製品

　木製品の手入れ方法は、大別すると浸透性木製用保護塗料と水性ペイント等による被膜をつくるものに分かれますが、ウッドデッキ、フェンスなどの場合は浸透性木製用保護塗料を塗布するケースが一般的です。塗装前に表面のゴミ、埃を除去し、雑巾などで水拭きしてから塗布してください。

　デッキの床面で年1回、フェンス、パーゴラなどの立ち上り面は2年に1回くらいでも充分と考えられます。

❖ 集水桝

　コンクリート製の雨水桝、汚水桝本体と接続パイプ部分の少しの隙間からも樹木の根が侵入し、繁茂してパイプを詰めてしまいトイレの水が流れにくくなったりするケースもあります。トイレの排水ができなくなって気がつく場合もありますので、樹木の多い場所などは3〜4年に1回くらいは集水桝の蓋を開けて、中の状態を確認するということも必要といえます。

point

＊煉瓦、タイル、石材などは長く放置せず、比較的軽い汚れの段階で水洗いして除去することが大事で、年1〜2回の定期的な洗浄がおすすめ。

99 植栽物の潅水、整枝、剪定

　樹木の手入れ方法も以前のマツ、マキなどの仕立物中心で構成されていた時と比較したら大分様変わりしてきたともいえます。

　以前は植木屋さんが庭の剪定、刈込みなどの管理作業に入ればほとんどの高木から低木まで何らかの形で鋏を入れるのが当たり前でしたが、最近は、毎年は手を入れずに2～3年おきに「枝抜き」を中心とした剪定中心の管理作業も増えてきています。

　言い換えれば、仕立物は毎年の剪定、刈込作業で樹形を維持してきたのが、自然樹形の樹木が増えるに従い、毎年毎年の剪定、刈込が不要となり、ある一定のボリューム以上になり始めた時に「枝抜き」を中心とした剪定作業でも充分対応できるし、むしろ、その方がより自然な雰囲気の樹形を楽しめるということにもつながります。

　また、マツの枝などは素人ではなかなか鋏を入れたりすることは難しく、手を出しにくいのですが、モミジなどの自然樹形の雑木では多少枝を切ってもあまり違和感はなく、素人でも要領さえわかれば整枝剪定が比較的やりやすいといえます。

❖ 潅水（水やり）

　樹木のメンテナンスとしての第一歩は、植付け以降の潅水があげられます。良質な材料を用いて、適切な植込みがなされたとしても、引渡以降の潅水不足、過剰等が原因で樹木が枯れたりするケースも多くあります。

　本来、建築主の潅水不足による樹木の枯補償は免責事項となりますが、実際はどこまで潅水されているかがわかりにくいために、結局植え替えざるを得ないケースも多々あります。できるだけ潅水不足、過剰による樹木の枯れ、傷みを減らすためにも、より具体的な潅水方法についての説明が必要といえます。

　「たっぷり」とか「充分に」などという抽象的な表現ではなく、時間で説明するのも一つの方法です。ホースからの水量にもよりますが、高木（H3～4m）で3～4分、中木（H1～2m）で1～2分、低木、グランドカバーで1m²当たり30～40秒くらいで、全体で○○分くらいという形で説明してみてください。

表1 各時期ごとの灌水回数の目安

時期	灌水回数
3月/下～4月/下	週1～2回、朝または夕方1回、晴天・乾燥が続けば週3～4回
5月～6月	週3～4回、朝または夕方1回、晴天が続けば毎日
7月～9月	毎日、朝または夕方1～2回、雨の日は除く
10月～11月	週3～4回、朝または夕方1回、晴天が続けば毎日
11月～3月/下	週1～2回、朝または夕方1回

※植付け後1年くらいの灌水回数（特に最初の2～3ヶ月と夏場7～9月は確実におこなってください）

❖ 樹木の基本的な整枝、剪定

植栽完了時または定期点検時等にできるだけ建築主の目の前で鋏を入れてみて整枝、剪定の基本を説明されることをおすすめします。できれば、直接切ってもらったりすることにより少しでも慣れてもらえると思いますし、多少枝を切りすぎたりしても樹形にそんな大きな影響は与えないということを理解してもらうことが必要です。

すべて職人さんにまかせるのではなく、自分でより積極的にかかわってもらうことが樹木のメンテナンスがスムーズにいく最良の方法といえます。剪定の時期としては、休眠期（11～2月）の冬季剪定を中心に、必要に応じ夏季（6～8月）や花の咲いた後なども切り戻しや弱剪定をおすすめします。

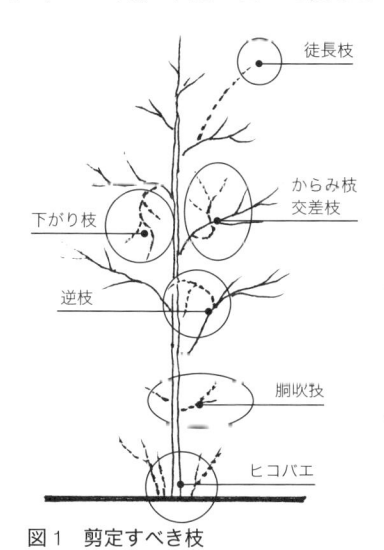

● **交差枝、からみ枝**
残すべき主枝に対して交差したり、からんだりしている枝です。枝葉がこみ合う原因となりますので、良好な樹形をつくっていくためには、早い時期に取り除きます。

● **逆枝、下がり枝**
本来、枝の伸びる方向とは逆の方向や下の方に向かって出ていますので、樹形のバランスを崩していき、美観上も好ましくないので切り取ってください。

● **徒長枝**
主幹や主枝から勢い良く長く伸びる枝のことで、シュートともいい、放置すると樹形のバランスが崩れるのみでなく、養分も取られがちになりますので早めに取り除きます。

● **胴吹枝、ヒコバエ**
幹の途中から新しく芽を出した枝を胴吹き、根元から出るものをヒコバエといい、放置しておくと主幹、主枝などの成長の妨げにもなりますし、美観上もあまり良くないので早めに取り除きます。

図1 剪定すべき枝

> **point**
> ＊自然樹形の樹木は、植付け後や引渡し時に建築主の目の前で鋏を使って枝を切ったり、抜いたりして説明するのもわかりやすい方法。

100 植物の病気と害虫及び施肥

　植栽材料の選定に際して、建築主のリクエストの中に必ず出てくるのが、できるだけ虫がつかないとか、病気の少ない樹木に対する希望です。もちろん、全く虫がつかないとか病気にならないというものは極めて少なく、一般的な植栽材料には多かれ少なかれ病害虫は発生するということを理解してもらうことが必要です。加えて、建築主には手入れの一環として、できるだけ被害が拡がる前に、予防も兼ねて初期段階の薬剤散布をおこなってもらうことをおすすめした方が良いでしょう。

❖ 病気と害虫
　建築主によっては、病気と害虫（総称して病害虫）を混同している場合がありますので、そのあたりを充分に説明して、被害に応じた対処法、予防法を理解してもらうことが大事です。

❖ 防除法及び時期
- 植物の病気を予防したり治療するためには「殺菌剤」を用いますが、害虫には全く効きません。植物にはさまざまな病気がありますので、それぞれの病気に適した園芸薬品を使い分けることが必要ですが、最近では複数の病気に効果のある薬品が主流になっています。
- 害虫の駆除方法としては、虫の姿が見えていれば捕まえて殺すという「捕殺」と薬剤による殺虫、予防とに分かれます。薬剤も直接虫の体に付着させ毒殺する「接触毒殺虫剤」から、薬剤を植物体内に浸透させて食毒死させる「浸透移行性殺虫剤」など数種類ありますが、予防的見地からも、浸透移行性殺虫剤のタイプが粒剤（主に地面にまく薬剤）をまくだけで手軽に済みますので、家庭での予防、駆除としてもおすすめです。
- 園芸薬品には、駆除の対象として害虫を退治するだけではなく、病気の治療、予防効果も含めた薬効もある病害虫をまとめた複合効果を持つものもあります。病害虫の種類にもよりますが、家庭で手軽に使用してもらうという点からは複合効果を持つものがおすすめです。
- 園芸薬品もスプレー缶式、粒剤、粉剤などは取り扱いも簡単で手軽ですが、病害虫の被害が広範囲であったり、散布範囲が広い時などは量的にもコスト的にも、不都合が出る場合があります。できれば噴霧機による水和剤な

どの液剤による薬剤散布のやり方も覚えてもらう方向ですすめてください。また、同時に各薬剤の注意事項と使用方法等については必ず守ってもらうことも伝えてください。

● 病害虫の薬剤散布の時期ですが、予防という点で、早め早めの方が効果的です。特に害虫の場合は、4月～10月下旬くらいまでさまざまな害虫が発生しますので、できればまだ虫が小さくて葉に集団でいる時期や、樹木の足元に虫の糞が落ちていないかなどに気をつけて、できるだけ初期段階での駆除をおすすめします。

薬剤が葉の表だけでなく、裏側にもかかるように噴出口を上向きにして散布してください。

図1　噴霧器による薬剤散布

イラガなどの毛虫は小さい時は集団でいますので、その時に捕殺、薬散などが効率的でおすすめします。

図2　薬剤散布の時期

❖ 施肥

中、高木などの樹木の場合は、植込み後1年間は特に必要ではありませんが、その後は冬期（1～2月）に「寒肥」として有機性の油粕、骨粉などの遅効性肥料を与えてください。その後、花木類などは花の終わった後に「お礼肥」といって即効性無機質肥料（化学肥料）を必要に応じ与えますが、化学肥料は一時的には有効ですが、土が固くなる場合がありますので、腐葉土などの有機性のものを適宜混入されることをおすすめします。

根元に浅い穴を掘り、肥料を施し、土をかぶせます。

根元周辺にバラまいてスコップなどで軽く掘り起こして、土を混ぜます。

図3　肥料のやり方

> **point**
> ＊病害虫対策としては、虫や病気が出る前の予防的見地からの薬剤散布や、虫がまだ小さく集団でいる初期段階などでの駆除が基本で効果的。

おわりに

　エクステリア・ガーデン工事関連の仕事を目指したり、スキル習得のための若手技術者や社員研修の折に「表札」の話をすることがよくあります。表札はほとんどのお宅にあるものですが、この数年の間に大きく様変わりしてきています。たまたまかどうかわかりませんが、筆者が大学卒業後、電鉄系造園会社に入った頃がエクステリア業界の草創期といえ、それから約35年が経過し、その間に多くの建築主に対してエクステリア・ガーデンの仕事をさせていただきました。当時の表札は 90×180mm のいわゆる 3×6 寸の大理石、御影石か木製の表札ぐらいしかなく、今日ほどさまざまなサイズ、素材、デザインのものは当然ない時代でした。新築の家の門柱に「自筆の文字をそのまま彫れますよ」とお話したら、今でいうＣＳ（顧客満足）からＣＤ（顧客感動）といえるくらい喜んでいただいたことも多くありました。

　ところが最近は、表札（サイン）の種類が非常に多く、ややもすれば表札一つ決めるのがなかなかスムーズにいかず、時間だけがかかり、建築主も迷ってしまいます。場合によっては、表札を設置した後でバランスが悪かったり、イメージが違ったりするなどの不具合につながることもあります。言い換えれば、エクステリア工事に用いる植物を含めた商品、材料の多様化に伴い、「ただ何となく」ではなく、デザイン面から商材の選択に至るまで、建築主に理解して納得してもらうだけの論理的な説明が大事になってきています。イメージを構成する要素（フォルム、テクスチュア、カラースキーム）から造形物のバランス感など、生物である植物の特性から生育環境条件などに至るまでを含め、さまざまな専門知識を持つエクステリア技術者が必要といえる所以です。

　また、エクステリア工事を取り巻く周辺環境もここ数年の間に大きく変化してきています。顧客サイドから見ると、外部住空間に対しての意識の変化が顕著となり、個々のライフスタイル、ライフステージに対応した、住む人にとって価値のある外部住空間を求め始めているといえます。エクステリア関連の商材も多様化していき、雑誌やインターネット等にてさまざまな情報

が身近なものになる中「セミプロ化」している建築主も増えています。一方、建築サイドから見ると、新築着工件数の減少に伴う「顧客囲い込み」「生涯顧客化」という面からも、建物だけでなくエクステリアを含めたトータルな提案により顧客満足度を高めていく必要性が強くなってきています。言い換えれば、住宅設計において、建築だけではなくエクステリア関連の知識、情報に裏付けされた敷地全体の提案スキルが必要になってきているといえます。

エス・バイ・エル（株）の玉水新吾氏には、以前から仕事上などでお世話になっており、氏より「エクステリア関連のノウハウをまとめて、若手技術者に役立つ情報提供をすべきである」と勧められ、筆の運びとなりました。大学卒業後、住宅のエクステリア・ガーデン等を中心の仕事をしてきましたが、集大成としての出版ができ、こういう機会を作っていただいた玉水氏に深く感謝しております。

また、日本建築協会の出版委員会のメンバー各位には、毎月の会議において、貴重なご意見と助言を頂戴すると共に励ましていただきました。（株）学芸出版社の編集長：吉田隆氏、編集：越智和子氏には、毎月の出版委員会での原稿の方向性や出版に向けての見本組、校正などいろいろ援助していただき感謝申しあげます。

本書の中で掲載した現場写真など各種資料の使用に際しお願いしたところ、資料提供各位には快諾していただきありがとうございました。思い起こせば、昨年の9月くらいから永い時間がかかりましたが、このように多くの方々の励まし、助言、協力をいただきまして本書が出版されることになりました。皆様にはこの場を借りまして、心より厚くお礼申しあげます。

2007年8月　藤山　宏

参考文献：
- 兼歳昌直『建築施工テキスト』井上書院、2002
- 土木施工管理技術研究会編『土木施工管理テキスト－土木一般編（改訂第3版）』(財)地域開発研究所、1997
- 全国エクステリア工業会編『エクステリアの安全施工ガイド』1997
- 髙橋儀平『高齢者・障害者に配慮した建築設計マニュアル』彰国社、1996
- 石井勉監修・ACEネットワーク著『図解よくわかる建築・土木』西東社、1999
- 東邦レオ株式会社編著『新・緑の仕事』2002
- 殖産住宅相互株式会社「設計施工基準書（造園）第2版」1985

資料提供：
- INAXエクステリア「住彩館」
- 鍵野建築設計　鍵野洋子氏
- (社)日本建築ブロック・エクステリア工事業協会　技術委員長　阪上進也氏
- 国立小山工業高等専門学校　准教授　川上勝弥氏
- 三笠建設機械株式会社

◆著者紹介

藤山 宏（ふじやま ひろし）

1947年佐賀県鹿島市生まれ。鳥取大学農学部農学科卒業後、電鉄系造園会社、住宅会社造園課、外構造園工事会社を経て、1994年㈲造景空間研究所を設立。戸建住宅中心のエクステリア・ガーデン工事の営業、設計、施工管理一筋のキャリアを活かし、マネジメント面及びテクニカル面の両輪で、経営面アシスト、システム構築から社員教育、技術研修等にて活躍中。

●資格及び所属団体：

技術士（都市及び地方計画）、一級土木施工管理技士、一級造園施工管理技士、上級造園修景士、(公社)日本造園学会、(一財)日本造園修景協会、(一社)日本建築協会、(一社)日本エクステリア学会

●講師、執筆、他：

E&Gアカデミー特別顧問。住宅会社、エクステリア関連メーカー、代理店、工事店、他全国各地で講演及び研修会講師。著書に『プロが教える住宅の植栽』(学芸出版社)、株式会社リック『エクステリアテキスト』「基礎編」CD版監修、「建築知識」「住まいとでんき」「週刊エクステリア」「リフォーム産業新聞」等に連載、コラム執筆

住宅エクステリアの100ポイント
―計画・設計・施工・メンテナンス―

2007年 8月30日　第1版第1刷発行
2024年10月30日　第1版第10刷発行

　　企　画　　一般社団法人 日本建築協会
　　　　　　　〒540-6591　大阪市中央区大手前1-7-31-7F-B
　　著　者　　藤山 宏
　　発行者　　井口夏実
　　発行所　　株式会社 学芸出版社
　　　　　　　京都市下京区木津屋橋通西洞院東入
　　　　　　　〒600-8216　電話 075・343・0811
　　　　　　　創栄図書印刷／新生製本
　　　　　　　装丁：KOTO DESIGN Inc.

© 藤山 宏、2007　　　　　　　　　　　　Printed in Japan
ISBN978-4-7615-2410-4

[JCOPY] 〈(社)出版者著作権管理機構委託出版物〉
本書の無断複写（電子化を含む）は著作権法上での例外を除き禁じられています。複写される場合は、そのつど事前に、(社)出版者著作権管理機構（電話 03-5244-5088、FAX 03-5244-5089、e-mail: info@jcopy.or.jp）の許諾を得てください。
また本書を代行業者等の第三者に依頼してスキャンやデジタル化することは、たとえ個人や家庭内での利用でも著作権法違反です。